AU MILIEU

DES HOMMES

CHARLES ROZAN

AU MILIEU
DES HOMMES

NOTES ET IMPRESSIONS

PARIS

P. DUCROCQ, LIBRAIRE-ÉDITEUR

55, RUE DE SEINE, 55

1882

En ce petit livre sont consignées, sous forme de notes, les réflexions que, dans mon voyage à travers le monde, m'ont suggérées les femmes et les hommes, y compris, parmi ces derniers, ceux qu'on appelle des sots. La plupart des vérités étant aussi dures à entendre qu'elles sont utiles à savoir, il est sage de ne les distribuer qu'à doses très mesurées. L'enchaînement des idées et les longues dissertations ne valent point, en pareil cas, la brusquerie des transitions.

Éveiller les souvenirs des uns, raviver les sentiments des autres, constater çà et là nos erreurs et nos fautes, sans oublier toutefois de rendre hommage à nos bons instincts, tel est le but que je me suis proposé. Rien de nouveau n'était à découvrir ; mais bon nombre des choses qui se passent dans la vie et dans les cœurs demandent à être reconnues ou rappelées.

Un livre qui ne fait ni rire ni pleurer doit au moins servir à faire penser. La leçon la plus saisissante, l'observation réellement nécessaire, c'est celle, comme dit Montaigne, qui nous peint et qui nous pince.

LES HOMMES

ET

LES FEMMES

N ne rencontre pas certains êtres hideux ou haineux dont les instincts font horreur sans se demander pourquoi ce sont ceux-là qui ont une âme et les chiens qui n'en ont pas.

C'est sans doute pour les passions à grand spectacle que les romanciers ont

imaginé les déclarations et les aveux ;
l'amour n'en a pas besoin : la femme qu'on
aime le voit, le sent, le sait ; il ne lui
déplaît pas qu'on le lui dise, mais cela
n'est jamais nécessaire.

Quand je saurai à qui vous avez éprouvé
le besoin d'annoncer sans retard la bonne
nouvelle qui vous arrive, je connaîtrai le
meilleur de vos amis.

Quel est l'œil exercé qui pourra découvrir ce qu'il y a d'ironie, de dédain ou
de sourde colère dans le regard oblique
et rapide que jettent sur leurs toilettes
réciproques deux coquettes qui se rencontrent dans un salon ou se croisent
dans la rue ?

Il y a des visages répugnants, mais ils sont extrèmement rares ; hors de là, un homme intelligent et bon ne peut pas être laid.

Ce qui met le plus en péril le bonheur et la vertu des femmes, c'est la flatterie. Soyez beau garçon ou homme d'esprit, cela n'est pas inutile ; mais, avant tout, soyez habile flatteur : les qualités qui brillent en vous ne vaudront jamais, pour les séduire, les charmes que vous découvrez en elles.

Il faut aimer l'âme d'une femme pour que sa figure plaise toujours.

La plus grande preuve d'estime qu'on puisse donner à un homme, c'est de croire à son désintéressement.

Si votre père a fait de bonnes ou de grandes choses, pensez souvent à lui et tâchez de l'imiter. Prêtez l'oreille à la voix qui vous crie de porter noblement son nom ; c'est celle que les hérauts d'armes faisaient entendre aux chevaliers dans les tournois : « Souvenez-vous de qui vous êtes fils et ne forlignez pas. »

Le bon sens des femmes, quand il persiste, quand il résiste aux entraînements

du monde et aux extravagances de la
toilette, est le plus solide des bons sens.

Les hommes vertueux ont sur ceux
qui sont riches, supérieurs ou haut placés
un avantage considérable : ils ne font pas
d'envieux. Beaucoup de gens voudront
avoir votre fortune, votre talent ou votre
place : aucun n'enviera votre patience,
votre courage, votre droiture ou votre
générosité. Qui de nous a entendu dire à
quelqu'un : « Est-il heureux, notre voisin,
d'être si simple, si bon, si dévoué ! »

La différence entre les femmes et les
anges vient surtout de ce que ces derniers
n'ont pas de système nerveux.

Il n'y a qu'un point sur lequel les hommes ont presque tous autant d'esprit les uns que les autres, c'est l'intérêt.

Vous reconnaîtrez l'homme d'un véritable mérite à la bonne grâce avec laquelle il proclamera le mérite d'autrui.

L'homme qui serait assez ferme de caractère, assez solide dans ses principes pour fixer nettement, au début de sa carrière, les conditions morales de son existence, et pour se dire d'avance : « Il y a certaines fautes que je ne commettrai jamais », aurait bien des motifs de vivre en paix. Sans doute, il serait un peu comme les autres le jouet des événements; mais les grandes lignes de sa vie une fois tracées et toujours respectées lui assureraient, même à travers les orages, ce repos de conscience qui constitue à l'âme humaine le seul fonds sur lequel elle puisse asseoir le bonheur.

Élevez constamment votre âme, fortifiez votre esprit, faites le bien aussi souvent que le bien sera possible, et vous aurez dans le cœur, pour chaque jour de la vie, une bonne part de joie. Si vous regardez de près les mécontents, vous ne trouverez guère parmi eux que des âmes basses, des têtes vides et des cœurs étroits.

J'ai vu des généraux couverts de gloire,

des orateurs pleins d'éloquence et d'habiles diplomates ; j'ai vu des artistes de
talent, des savants illustres et des écri-
vains de beaucoup d'esprit; j'ai vu aussi,
en grand nombre, des gens du monde
très aimables et très distingués : ce que
j'ai vu moins souvent, c'est un homme en
équilibre. J'entends par là un homme
dont les diverses forces composantes, —
le goût, le ton, l'esprit, la tenue, la bienveillance, l'affabilité, l'éducation et la
bonté, — donnent pour résultante un
homme aimable et bien élevé, en qui
rien ne choque, à qui rien d'agréable ne
manque, et qui sait, en toute occasion,
se tenir, se conduire et séduire.

L'homme riche, lorsqu'il a de l'esprit,
est d'autant moins vain qu'il est plus
riche; il laisserait croire autrement qu'il

ne doit qu'à sa fortune d'être ce qu'il est.

Si vous avez quelque fierté dans l'âme, ne commettez de fautes graves qu'envers vous-même. Il serait possible, si vous étiez coupable envers les autres, qu'on ne voulût pas vous punir ; mais le pardon exclut presque toujours l'estime : ne vous exposez pas à cette humiliation.

Quand vous verrez un homme très occupé de découvrir les défauts des autres et de mettre tout ce qu'il a d'esprit dans le dénigrement, soyez assuré que son intelligence est médiocre, qu'il n'a pas le cœur haut placé, et qu'il aurait fort à faire s'il se livrait sur lui-même à ce triste exercice.

L'égoïsme des célibataires est d'autant plus regrettable qu'ils auraient le droit, sans préjudice pour personne, de répandre des bienfaits. Ce droit n'appartient pas aussi complètement aux pères de famille : ce qu'ils donnent aux malheureux, ils l'ôtent à leurs enfants.

La jalousie, chez les femmes, a pour cause l'amour-propre plus souvent que l'amour. Les femmes ne dédaignent pas d'être aimées, mais elles tiennent surtout à être préférées.

Certains maris effacent beaucoup trop leurs femmes ; ce sont des égoïstes ou des butors qui croient que la femme n'a d'autre mission que de les servir. Il y a, par contre, des femmes qui annulent trop leurs maris. On a tort des deux côtés. Dans une maison bien ordonnée, il faut que chacun ait sa part et son rôle : il est mauvais que les parts soient absorbées ou les rôles renversés; ce n'est jamais au profit réel de personne.

Les femmes qui vivent en mauvaise intelligence avec leur conscience ont une disposition naturelle à prendre pour elles tous les méchants propos qui se répandent; c'est toujours à elles qu'on fait allusion, c'est dans leur jardin que tombent toutes les pierres.

Lorsque je reçois, sur la voie publique,

une forte poussée d'un de mes frères en
J.-C., je voudrais avoir la consolation
d'être sûr que le plaisir qu'il éprouve
est en proportion du déplaisir que je
ressens.

Vénus était une bête; je ne l'ai pas
connue, mais j'en suis sûr. Elle a plus
que les autres femmes la pureté des con-
tours et l'harmonie des formes, j'y con-
sens; mais elle ne m'intéresse pas, elle
ne m'émeut pas; elle est pour quelques
instants le plaisir de mes yeux, c'est pourquoi je la tolère en marbre ; elle ne
répondrait, vivante, à aucune de mes
aspirations; elle ne serait pas charmante
pour assez longtemps.

On peut poser comme axiome que la
femme toute seule, à l'état de nature, sans

protection et sans secours, vaut le double de l'homme placé dans les mêmes conditions.

Si vous ne tenez pas à être cruel, ne parlez jamais des charmes de l'esprit et de la grâce devant une femme qui a mis tout son espoir dans les traits de son visage.

Rendez-vous bien compte des indignations, des accès de colère de la femme qui s'écrie avec mépris à propos d'une autre femme : « C'est une misérable ! » — Il doit y avoir quelque chose là-dessous.

Dans une assemblée où l'on travaille en commun, l'homme supérieur à ses collègues est d'autant plus obligé d'être doux et bienveillant qu'il a déjà sa supériorité à se faire pardonner.

Ceux-là seuls aiment la solitude qui vivent avec de grandes pensées ou de grandes afflictions.

Des goûts simples, une bonne femme et de bons enfants, l'amour de l'étude et du foyer, que faut-il de plus pour passer doucement une existence qui peut avoir bien des charmes sans qu'on ait recours, pour la remplir, aux misères de l'ambition ?

On calomnie l'humanité en prétendant qu'il n'y a pas d'amis : il est encore des cœurs droits et désintéressés, et lorsqu'ils se rencontrent, ils ne tardent pas à se reconnaître.

Attendez, pour juger d'un homme et de son caractère, qu'il ait reçu le coup de massue du sort. Il aura courage et vertu s'il se résigne à subir ce qu'il n'aura ni prévu ni mérité.

Ne comptez sur vos amis que si vous en avez peu. L'amitié perd en profondeur ce qu'elle gagne en étendue. L'image est vraie jusqu'au bout : les témoignages d'affection qui se répandent partout et sur tous cessent d'être agréables à quelques-uns et gênent le plus grand nombre. On ne se dévoue ni ne se confie à tous ceux qu'on rencontre; lorsqu'on a tant d'amis, on n'en a pas un. « L'amitié est bien bête de compagnie, disait Plutarque, mais non pas bête de troupeau. »

Pythagore avait exprimé la même pensée
en disant : « Ne touche point à plusieurs
dans la main.»

Nous aimons le père qui nous pardonne
nos fautes ; nous aimons mieux celui qui
nous en a préservés.

Les hommes qui méprisent leurs semblables sont suspects ; ils doivent avoir,
sans le dire, de très bonnes raisons pour
se mépriser eux-mêmes. Quelque clair-
voyants, quelque observateurs que nous
soyons, il n'y a guère qu'un cœur que
nous connaissions bien, dans ses replis les
plus cachés, c'est le nôtre. Or s'il existe,
et je le crois, un fonds commun dans l'humanité, c'est surtout en étudiant son propre cœur qu'on apprend à connaître le
cœur des autres.

Telle femme qui a de belles et de bonnes qualités n’est pas toujours celle avec qui nous pouvons traverser les épreuves de la vie ; ce qui a manqué dans beaucoup d’unions malheureuses, ce n’est pas la vertu, c’est la sympathie.

Les femmes qui se rencontrent dans le monde échangent des paroles si expansives et se donnent de tels témoignages d’intérèt, qu’il serait impossible à une âme droite et sincère de mettre en doute leur amitié. Cela dure ainsi tant qu’elles sont en présence les unes des autres ; qu’elles se séparent, et aussitôt elles se déchirent. On dirait, c’est une femme qui l’a remarqué, que chacune, au départ, a laissé sa caricature à l’autre.

Les mères sont tendres et dévouées ; elles seraient parfaites si elles réfléchissaient. Il en est qui diraient volontiers à l'enfant atteint par une tuile : « Comment as-tu fait, petit malheureux ? »

Prêtresse de la vie, sainte initiatrice de l'humanité, la femme, dans ma pensée, dans mes rêves les meilleurs, est l'ange gardien de la famille, le bon génie du foyer domestique. Je me plais à la voir, selon la parole de l'apôtre : « Sa parure doit être la vie cachée du cœur, la pureté inaltérable d'un esprit doux et paisible. »

Les hommes ont, disent-ils, tous les

dons en partage : la force, l'esprit, le courage et le reste ; et on les voit rampants, lâches, hébétés, prêts à tout sacrifier devant une femme dont le seul mérite est d'être belle.

Si l'homme disait à la femme : « Je vous suis supérieur par les grandes qualités qui me distinguent ; c'est moi que l'intelligence, le savoir, le génie ont fait le maître du monde », — la femme serait en droit de lui répondre : « Que m'importe, si je suis la maîtresse du maître ? Qu'ai-je à faire de vos grandeurs puisqu'elles s'humilient toutes devant la mienne ? Que valent votre gloire, vos vertus et votre prestige, puisque, le jour où j'y consentirai, je verrai tout cela rouler à mes pieds ? Qu'est-ce que votre honneur lui-même, dont vous êtes si fier, lorsqu'il tient à la robe d'une femme ? »

Depuis le jour où le vaillant Hercule a filé aux pieds de la belle Omphale, c'est là ce que la plupart des romans et des drames ont eu pour but de prouver.

A quoi bon prétendre dépasser les forces de l'homme en lui proposant d'aimer ceux qui le haïssent ? Ne compte-t-on pas déjà beaucoup sur sa vertu en lui demandant de ne pas leur nuire ?

Les hommes qui veulent changer leur position consentiraient rarement à changer leur personne ; ce serait là pourtant, dans la plupart des cas, le seul moyen d'améliorer leur sort.

Mme V... a beaucoup d'esprit ; ce

qui le prouve surtout, c'est que, depuis trente ans qu'elle est mariée, elle n'a pas fait sentir une seule fois à son mari qu'elle en avait plus que lui. Elle forme les projets, il les réalise, et l'honneur du succès revient toujours au chef de la famille. Dans la direction des affaires aussi bien que dans l'éducation des enfants, elle a tout prévu, tout suivi avec une patiente sagacité, et quoique le mari ait été absorbé par les occupations extérieures, c'est lui encore qui semble avoir présidé à l'intelligente organisation de la maison comme au bien-être de la famille. Mme V... emprunte l'autorité qu'elle exerce sur le petit monde qui l'entoure à son esprit de justice, à sa douceur pénétrante, à l'habitude de ne jamais hausser le ton ; c'est presque à voix basse qu'elle donne ses conseils et ses ordres. On soupçonne à peine sa présence dans le modeste domaine où elle se meut, et cependant tout s'anime à son souffle, tout vit de sa pensée.

Le mari, homme de sens, a compris qu'il n'avait point à intervenir dans le gouvernement de la maison; il a assuré ainsi la marche régulière de toutes choses, il a aidé en ne contrariant pas. Le fruit de son travail a suffi pour que l'aisance ne cessât pas de régner dans le ménage, même aux jours difficiles, parce que sa femme lui avait apporté en dot l'ordre et l'économie, deux qualités que j'estime valoir, pour une durée de trente ans, cent mille francs chacune.

Dans le monde, Mme V... a le même tact que dans sa famille. Elle laisse parler son mari, elle l'écoute avec attention, et grâce à une pantomime discrète, à un mot qu'elle intercale à propos, il ne dépasse jamais la mesure. Lorsqu'elle était jeune fille, Mme V... parlait très peu et regardait beaucoup; ses grands yeux limpides et expressifs semblaient donner des réponses : elle se rendait compte en silence, se formait des idées et faisait provision de l'expérience d'autrui. Elle avait déjà de la finesse, cette qualité si éminemment féminine ; elle en a acquis davantage au contact du monde ; elle est piquante sans être mordante ; elle n'attaque pas, mais elle se défend bien ; elle défend surtout les autres : ceux qu'elle aime avec ardeur, ceux qu'elle plaint avec charité.

L'ami que d'abord on aime le plus, c'est celui qui flatte nos passions ; l'ami qu'on aime le plus longtemps, c'est celui qui les combat.

Ce qu'il y a de rassurant dans les injustices dont nous sommes victimes, c'est l'air dégagé des amis qui en prennent philosophiquement leur parti.

Le jour de la vie qui marque la plénitude du bonheur d'une femme, dans son orgueil comme dans son cœur, c'est celui où elle se dit pour la première fois : « Je suis aimée ! »

Que de gens réputés d'un grand mérite ne doivent ce mérite qu'à l'habileté qu'ils ont de cacher leurs défauts et leurs fautes ! Combien d'autres que l'on prend pour des savants et dont l'art consiste à ne pas se laisser approfondir ! La considération ne va pas toujours au plus digne, elle va souvent au plus adroit.

Si les hommes, à l'heure de la mort,

étaient appelés à dire la vérité sur leur compte, il faudrait leur demander, non s'ils avaient l'estime de leurs semblables, car les hypocrites sont experts à la capter, mais s'ils avaient leur propre estime.

Rester esclave quand on peut être libre, dégagé de toutes préoccupations mesquines, de tous soucis, c'est une folie qui ne serait pardonnable que si la vie avait une très longue durée. Alors seulement il serait permis de goûter de l'esclavage pendant quelques années, parce qu'on aurait le temps de goûter un peu de tout.

Le meilleur et le plus sincère des hommes est celui qui ne se dissimule ni les sottises qu'il a faites, ni celles qu'il a dites, et qui se rend en même temps le témoignage de n'avoir à se reprocher ni une méchanceté ni une bassesse. Il n'a pas toujours été maître de son esprit, mais il peut répondre de son caractère et de son cœur.

L'homme vit beaucoup pour lui-même, la femme vit surtout pour les autres; c'est par là qu'elle est humainement au-dessus de nous.

Ceux qui n'ont ni lutté ni souffert n'ont rien mérité. L'estime des autres et le contentement de soi-même appartiennent aux hommes qui, tentés par la passion, ont été retenus par la conscience.

André est un petit homme trapu qui ne
s'émeut pas hors de propos. Il prend le
temps comme il vient, le monde comme
il est, et laisse couler l'eau. Très sérieusement, très exclusivement préoccupé
d'atteindre son but, il suit pas à pas, sans
rien précipiter, mais sans jamais reculer,
le chemin qu'il s'est tracé d'avance et
qu'il mesure sans effroi. Il ne vit pas
dans le pays des chimères : un chat pour
lui est un chat, une femme n'est pas un
ange, et il ne se fait d'illusion ni sur lui
ni sur les autres. Exact et sensé, il étudie
avec soin, sans rien négliger, en regardant au fond et sous leurs divers aspects
les questions qui l'intéressent. Tous les
exercices, tous les devoirs, toutes les occupations de sa vie sont marqués au
même coin : conscience et ponctualité.
Il flâne quand l'heure est venue de flâner,
il donne alors aux bibelots la part d'a-
mour qu'il leur a réservée ; mais, lorsqu'il

a un but, il ne s'arrête pas en route. N'accordant d'ailleurs à toute chose qu'une mesure très réglée d'enthousiasme, il se laissera moins que beaucoup d'autres succomber à la tentation.

Conseil de prudence à donner à une jeune femme : Ne point interroger l'homme qu'elle épouse sur l'état de son cœur dans le passé. Mensonges ou serments sont toujours sans profit et ne causent que des malheurs.

Plaire, tel est le mot qui résume l'existence des femmes, même les plus modestes; c'est à cela que visent tous leurs efforts. Elles sont même sensibles aux hommages de ceux qu'elles dédaignent le plus. Si petit que soit un ruisseau, il a toujours quelque mérite lorsqu'on peut s'y mirer. Les femmes emploient à se rendre séduisantes toutes les ressources d'une industrie aussi féconde que variée : souvent même on les voudrait plus difficiles sur le choix des moyens.

Les femmes, telles que Dieu les a créées, vaniteuses et sensibles, sont destinées à ne s'entendre qu'avec les hommes. Entre elles, ce sont des nuages chargés d'électricité ; combien ne se rencontrent ou ne s'attirent que pour faire un éclat ou pour se repousser !

Les goûts, les habitudes, les sentiments d'un homme subissent une transformation

2.

profonde le jour où une femme intervient dans son existence. L'amitié a deux grands ennemis : l'amour et le mariage. Une femme aimée tient lieu de beaucoup de choses; il y a même des moments dans la vie où elle tient lieu de tout. L'ami, même le meilleur, n'est pas toujours le bienvenu lorsqu'il tombe inopinément dans une fête intime où tout peut être joie sans lui. Il vient, comme il venait autrefois, faire part de ses impressions et de ses rêves à celui qui le comprend, qui partage ses émotions, et il compte trouver toujours le même accueil, le même intérêt, le même sourire. Il se trompe. Certaines joies ne doivent pas être troublées, les doux entretiens ne veulent pas être interrompus. « Où il y en a deux, qu'un troisième ne vienne, » dit le proverbe russe.

Sentiments, idées, relations, tout demeure sans doute; rien n'est changé dans

ces deux cœurs qui se sont bien compris,
d'accord; mais d'autres émotions, plus
vives et plus douces, ont réclamé leur
place, et, en s'installant au foyer, elles
ont transformé l'existence. Le centre de
gravité est déplacé; l'amour, ce despote,
va ramener les enfants perdus de la pensée dans un seul groupe de quiétude et
d'harmonie, et rattacher désormais à des
sentiments à la fois plus sérieux et plus
tendres tout ce qui doit préparer un riant
avenir.

Une femme n'est une femme, dans la
belle et noble acception du mot, que par
la pudeur et la tendresse. Que reste-t-il
de ses charmes à celle qui se vend? Qu'est-
ce que l'amour sans l'émotion? Qu'est-ce
que la femme sans l'amour?

Il y a une certaine timidité qui convient à la femme dans tout le cours de la vie : elle doit s'appeler, si elle a un nom, la pudeur du caractère.

Quand vous entendrez dire d'un homme que tout le monde l'aimait, qu'on ne lui connaissait pas d'ennemi, que c'était le meilleur garçon du monde, vous pouvez être à peu près sûr qu'on parle d'un être insignifiant, sans valeur, sans caractère, sans mérite d'aucun genre, et qui n'aimait personne.

Quoi de mieux, dans notre atmosphère de bonheur relatif, que de vivre selon ses goûts et de se montrer tel qu'on est? Il n'y a de gens solides que ceux qui suivent ces principes; on les retrouve après des années ce qu'ils se sont montrés le premier jour. Ne forçons pas plus notre nature que notre talent. Prétendre être autre chose que ce qu'on est, se surfaire et, partant, se contrefaire, voilà ce qui gâte tout. Soyons simplement, pour nousmêmes et pour notre gouverne avec les autres, des gens de bon sens et de bonne volonté. Un homme n'est pas plus un pantin qu'un singe; c'est une erreur de croire qu'il faut être hors d'haleine pour être gai, hors d'équilibre pour être poli.

Laissons nos amis nous reprocher nos défauts, quand ils en ont la franchise; il y a grand profit à les écouter. Nous ne savons pas tout sur nous-mêmes ; les autres seuls peuvent dire si nous sommes laids quand nous dormons.

Il y a une différence entre les girouettes et les hommes qui font de la politique : ces derniers se rouillent aussi, mais ils tournent toujours.

Si un bavard vous laisse cinq minutes la parole, ne vous flattez pas qu'il vous écoute : il s'efforce de prendre patience, et songe à tout ce qu'il dira quand vous aurez fini.

Ce qu'il faut se dissimuler le moins quand on oblige un ami, c'est qu'on s'expose à le perdre. Tout est bien aussi longtemps qu’on se borne à lui être agréable ; tout est compromis le jour où on lui devient utile. Mme de Sévigné l’a dit avec finesse, « les égards font moins d’ingrats que les services. »

La reconnaissance est le privilège des belles âmes ; pour les autres, c’est un fardeau. Par instinct, par orgueil, ou par calcul, on s’éloigne du bienfaiteur ; sa présence est importune.

On a pour ennemis tous ceux qu’on a sauvés.

Il est peu de relations intimes qui résistent aux questions d’argent. Le contraire est l’exception : « Vous m’obligez, disait Racine à un ami, et pourtant je sens que je vous aimerai toujours. »

Quelle que soit la femme qui passe,

jeune ou vieille, sage ou folle, honnête ou
non, si vous souffrez, comptez sur elle.
Beaucoup d'hommes continueront leur
course en rêvant ou en chantant : la femme
s'arrêtera et vous donnera son assistance
sans savoir ni qui vous êtes ni pourquoi
vous êtes là. Le côté humain, dans le
cœur de la femme, reste toujours vivace;
c'est celui par où la nature l'a destinée
à être mère ; elle lui doit d'être animée plus
que nous du feu sacré de la charité. « La
femme a cela de commun avec l'ange,
disait Balzac, que les êtres souffrants lui
appartiennent. »

Il est de ces natures féminines, félonnes
et félines, provocantes et mortelles, qui
engloutissent tout dans la sphère où elles
s'agitent. A moins qu'il ne soit doué d'une
force d'âme peu commune, l'homme qui
les approche voit s'abîmer peu à peu, dans

une dégradation successive et sombre, tous les biens qu'il avait en partage, depuis la fortune jusqu'à la réputation, depuis la probité jusqu'à la vie.

Résistez à la puissance d'attraction de ces êtres, éloignez-vous avec colère, faites, s'il le faut, un suprême effort. Vous ne sortirez pas victorieux d'une lutte de ce genre sans remercier Dieu d'avoir échappé à l'épreuve qui devait le plus menacer votre repos et votre honneur.

Les hommes de bonne foi et de bonne volonté savent se composer une existence supportable où la somme des joies l'emporte de beaucoup sur celle des tourments. Ce qui leur est difficile, lorsqu'ils ne sont pas seuls, c'est de faire partager leur bonheur et leur confiance. Les femmes sont peu disposées à se reconnaître heureuses : elles sont inquiètes, préoccupées d'elles-mêmes, aisément irritables, et veulent souvent ce qu'elles n'ont pas. Elles se plaignent des hommes qui travaillent aussi bien que de ceux qui s'amusent ; les uns et les autres ont le tort de les laisser seules, sans compagnie et sans compliments.

Ne dites jamais devant une femme qu'une autre femme est laide, quoi qu'on fasse pour vous arracher cet aveu. Vous en penserez ce que vous voudrez ; mais, en gardant le silence, vous vous épargnerez bien des désagréments.

L'amour, le vrai, celui qu'il ne faudrait confondre avec aucune manifestation brutale des sens, se fortifie en raison des sentiments élevés qu'on inspire. Telle femme, qui d'abord n'a aimé son mari que parce qu'elle l'estimait beaucoup, finira par l'adorer si ce mari est une âme d'élite. La femme alors sera heureuse d'aimer autant que d'être aimée, et elle se sentira devenir meilleure à mesure que son amour grandira.

Si, en allant porter l'expression de leur sympathie à celui que le malheur a frappé, les hommes s'interrogeaient dans leur conscience sur les véritables sentiments qu'ils éprouvent, la plupart renonceraient à faire un pas de plus. Sans doute il y a des compliments de condoléance qui sont sincères, mais combien de témoignages de compassion ne le sont pas!

Les plus adroits d'entre nous, les plus sûrs de réussir sont ceux qui croient fermement à la bêtise humaine. Si les honnêtes gens avaient à cet égard des notions plus exactes et des convictions plus solides, ils seraient moins timorés ou n'échoueraient pas avec tant d'ingénuité.

Les prétendants qui craignent de déplaire au peuple en employant, comme moyens propres à leurs fins, le mensonge, la trahison et l'assassinat, sont des hommes pusillanimes qui ne monteront jamais sur le trône.

Les auteurs dramatiques et les romanciers qui se préoccupent de ne heurter ni le bon sens, ni le bon goût, ni les sentiments délicats, sont des naïfs qui ne feront point fortune.

Les orateurs qui ne transforment pas

la tribune en tréteaux, qui parlent au lieu de grimacer, qui remplissent un devoir au lieu de jouer une comédie, sont des gens qui prennent le public au sérieux, et que le public punira de cette méprise en leur accordant tout au plus un succès d'estime.

Les uns et les autres seraient sans excuse s'ils n'avaient pour s'abriter le précepte de Cicéron : « Personne ne doit chercher à faire son profit de la sottise d'autrui. »

Les marchands d'orviétan, qui n'ont point ce souci, doivent leur fortune à leur confiance, naïve ou acquise, dans la bêtise humaine : on rit de leurs boniments, on se moque de leurs expériences et, néanmoins, on achète leurs produits.

Que de grands hommes il ne faut pas connaître si l'on veut continuer de les admirer!

Les hommes les plus instruits sont
d'ordinaire les plus vertueux; cela tient
très naturellement à ce qu'on n'éclaire
pas sa raison sans élever son âme; mais
c'est aussi parce que l'esprit calcule mieux
que la sottise; à défaut d'autre motif, la
vertu contribue trop au bonheur pour
n'être pas la meilleure des spéculations.
« Accoutumez l'homme à raisonner juste
en tout, disait Mme de Maintenon; le
vice, comme le crime, est un faux
calcul. »

Soyons poètes pour nous, dans notre
cœur; mais n'oublions pas que la vie
réelle est là toujours, avec ses entraves
et ses misères; elle nous enveloppe, nous
importune, nous ramène ou nous éloigne,

et, à toutes les heures du jour, elle réclame une partie de notre intelligence et de nos forces.

Ne pas savoir est un malheur; mais un malheur plus grand, car il devient une honte, c'est la joie de l'ignorance et l'orgueil de l'abaissement.

La supériorité des femmes dans le monde vulgaire, vient de leur astuce. Un homme grossier ne parviendra jamais à se faire passer pour un homme d'esprit; il sera et restera grossier en dépit de sa volonté ou de ses intérêts; c'est de lui que La Fontaine a pu dire d'une manière absolue :

> Jamais un lourdaud, quoi qu'il fasse,
> Ne saurait passer pour galant.

Il n'en est pas ainsi de la femme :
indépendamment de la place qu'elle peut
prendre très vite parmi les petites dames
qui ont l'air très distingué, je crois qu'é-
tant donné un but important à atteindre,
une femme du peuple, voulant se trans-
former, saura prendre des allures et affec-
ter des sentiments très capables de donner le change à beaucoup de gens qui
n'y regarderont pas bien. Elle aura toutes
les souplesses, toutes les audaces et toutes
les persévérances ; elle fera croire à la
délicatesse de son esprit comme à la
générosité de ses sentiments, et cela pendant de nombreuses années, s'il le faut,
parce que tout ce qu'elle a d'intelligence
et de ruse sera obstinément concentré
sur un point, un seul : le but qu'elle veut
atteindre. Ce but s'appelle quelquefois un
cœur, mais il a presque toujours pour
dernier terme : l'argent.

Pour qu'une jeune fille qui se marie ne devienne pas très vite une petite sotte importante ou affolée, il faut qu'elle ait épousé un homme intelligent, soucieux dès le premier jour de bien élever sa femme, ou qu'elle soit pourvue elle-même d'une dose exceptionnelle de bon sens.

La femme, dit-on, doit obéissance à son mari; c'est vrai en ce sens qu'elle doit toujours le craindre un peu. Mais ce qu'elle lui doit surtout, c'est son admiration : l'attachement d'une femme pour son mari n'est durable que si elle lui reconnaît un genre de supériorité sur les autres hommes. Il est possible qu'elle se trompe, mais il est nécessaire qu'elle y croie.

On n'élève pas assez les femmes en vue de leur avenir ; on oublie ce qu'elles auront à dépenser de volonté, de force et d'intelligence dans le mariage et la famille ; elles ne sont préparées à rien. Si elles n'avaient leur cœur et lareligion, qui les guident et les soutiennent, la plupart seraient sans ressources.

Les femmes, lorsqu'elles luttent, ressemblent, sous plus d'un rapport, aux cordes tendues outre mesure ; elles se brisent au moment où l'on s'y attend le moins.

Les hommes qui ont beaucoup aimé se

sont rarement enrichis : les préoccupations d'intérêt sont incompatibles avec les sentiments généreux; le cœur absorbe trop de choses.

On s'habitue à la laideur du corps, on ne s'habitue pas à celle de l'âme. Une figure cesse presque d'être laide quand on la voit tous les jours; plus on vit, au contraire, avec un vilain caractère, plus il devient insupportable et odieux.

Les gens d'esprit, à notre compte, sont ceux qui en ont autant ou plus que nous; nous nous bornons à dire des autres qu'ils ne sont pas bêtes.

A part quelques lacunes et quelques

difformités exceptionnelles, les hommes naissent égaux; la nature n'a pas de préférence, elle donne à tous les mêmes organes; les nouveau-nés sont aussi beaux, aussi bien conformés dans les chaumières que dans les palais; les forces physiques et intellectuelles s'acquièrent ensuite par le travail et l'exercice. A ceux donc qui veulent être au-dessus des autres de se débattre pour s'élever et s'améliorer. Prenons la sage habitude de ne faire aucun fonds sur ce qu'on appelle la destinée; elle nous appartient, elle dépend de notre courage et de notre persévérance. Admettons toujours qu'on nous a dit, en nous jetant sur la terre : Tire-toi de là comme tu pourras.

Si l'homme ne subissait d'autre joug que celui des autres, il serait libre; mais

il vit dans la dépendance de ses habitudes,
de ses goûts, de ses passions, et c'est par
là qu'il est esclave.

Esprits inquiets ou cœurs envieux qui,
au lieu d'accepter votre sort et de jouir
paisiblement de votre lot, mettez tous les
jours dans votre vie quelque nouveau
sujet de trouble, de jalousie ou de haine,
soyez agités, malheureux, comme vous
ne pouvez manquez de l'être, mais, de
grâce, ne vous plaignez pas.

Peu d'hommes désirent sincèrement
mourir, même dans les heures les plus
désespérées ; nous avons tous instinctivement l'espoir d'un lendemain meilleur

ou la peur de l'inconnu. Quelques-uns diraient avec plus de vérité qu'ils aimeraient mieux n'avoir pas existé; c'est une idée que peut faire naître le sentiment des douleurs qu'on éprouve ou des fautes qu'on a commises.

Comment persuader à un amoureux que la beauté, chez la jeune fille qu'il aime, n'est pas l'indice nécessaire de toutes les perfections!

Quand un ami m'adresse un reproche mérité sur un point délicat, j'en suis profondément mortifié; je m'explique par là le sentiment qui me retient lorsque j'ai, moi aussi, quelque parole sévère à lui faire entendre : je suis partagé entre le désir de lui rendre service et la crainte de le toucher au cœur en l'obligeant à s'humilier.

Existe-t-il une mère assez sensée pour ne dire que la vérité lorsqu'elle parle de ses enfants ? Il n'est pas de chapitre sur lequel les femmes soient plus disposées à tomber dans l'exagération : ce sont des anges ou des monstres. Les mères en extase consentent parfois à faire quelques concessions sur la santé, la beauté et la force ; mais où l'aveuglement commence et tient bon, c'est lorsqu'il s'agit de l'esprit : il leur est impossible d'admettre que leurs enfants n'en aient pas.

Pour ceux que n'affectent ni la vulga- rité ni la sottise, il doit y avoir un peu partout et dans toutes les classes beaucoup de femmes séduisantes.

Il y a des femmes qui n'aiment pas leurs maris, et réciproquement; il y en a même beaucoup. Ce n'est la faute de personne; c'est un malheur, voilà tout. Deux âmes qui n'étaient pas faites pour se comprendre se sont unies par le mariage, et, pour l'une comme pour l'autre, la vie entière s'est trouvée scellée sous un joug de plomb. Qu'on ne s'y trompe pas, ces époux n'ont point, en vieillissant, cessé de s'aimer, comme on le dit trop souvent : ils ne se sont jamais aimés. Si cette grande sympathie qu'on nomme l'amour avait présidé à leur existence lorsqu'ils avaient trente ans, elle serait là encore à soixante. Il y a eu erreur au début ; on a pris pour de l'amour des

tentations ou des curiosités ; on s'en est
aperçu peu à peu : les ardeurs de la
jeunesse avaient causé la méprise.

La femme vraiment jolie est celle qui
a laissé dans votre souvenir l'âme de sa
physionomie plutôt que le dessin de ses
traits.

La plupart des jeunes filles du monde
adorent deux choses par-dessus tout : le
bal et l'oreiller. Pour qu'elles aient une
plénitude de satisfaction, et que, pendant
quelques heures, leur imagination cesse
de trotter, il faut qu'elles dansent ou
qu'elles dorment.

La qualité qui devrait être commune à

tous les hommes, quelles que soient la naissance et l'éducation, c'est le courage. On admet la peur chez les enfants et les femmes ; chez l'homme, c'est une honte.

La femme, lorsqu'elle cesse pendant quelques heures d'être mère de famille pour devenir femme du monde, est plus susceptible que sensible ; elle se vexe plus souvent qu'elle ne s'émeut.

Jacques n'a que vingt-deux ans ; c'est le type très complet de ces jeunes hommes, austères avant l'âge, qui croient en eux et qui repoussent sans examen tout ce qui est en dehors de leurs convictions déjà très profondes et de leurs idées pré-conçues. Il tient à ses opinions, à ses sentiments plus qu'à toute autre chose au monde : un homme qui ne pense pas comme lui sur une question un peu capitale est presque un ennemi.

Le monde lui déplaît ; il y voit, il y entend mille sottises qui le révoltent ; il n'admet aucune des conventions de la société, et il méprise toutes les puérilités mondaines : la toilette, les fades propos, les petites passions, les intrigues. Un homme pommadé, étiré, épris de sa personne et occupé de débiter des sornettes est une sorte de grotesque auquel il trouverait très naturel qu'on pût donner des coups de canne. Faisant bon marché de toutes les vanités sociales, des grandeurs et des titres, il n'estime les gens que pour leur intelligence, leur cœur et surtout leur caractère. Aussi, lorsqu'il rencontre un homme dont il apprécie la valeur ou la supériorité, il lui serre la main à lui briser les os.

Ce jeune sauvage, bien qu'il appar-
tienne à une noble famille, ne sait rien
des hommes et des choses que ce qu'il a
vu dans les livres. Plongé avec une sorte
de passion dans l'étude des auteurs
anciens, il a vu là des événements fabu-
leux, des hommes aux proportions gigan-
tesques, des idées grandes et poétiques;
il s'est habitué à respirer dans ce milieu
de force et de splendeur. Comme le
sculpteur Bouchardon, il avait cru, en
lisant Homère, avoir vingt pieds de
hauteur, et lorsqu'il a fallu qu'un jour il
levât les yeux pour regarder autour de lui,
il a été stupéfait, indigné de nous trouver
si petits, si efféminés, si peu en rapport
avec tout ce qu'il avait rêvé jusque-là. Il
lui semblait avoir passé dans une autre
planète. « Est-ce donc là, s'écriait-il, le
résultat de vingt siècles d'efforts et de
christianisme! »

Jacques a beaucoup à vivre pour voir

les choses telles qu'elles sont, pour modi-
fier ses opinions et porter sur les hommes
des jugements moins sévères ; mais c'est
une nature honnête et vraie dont on aime
les indignations et les antipathies. Malgré
ce qu'elles ont d'exagéré, parfois même
de primitif, elles inspirent l'estime et
l'intérêt. — Sensible, d'ailleurs, à tout ce
qui est beau, Jacques s'enthousiasme pour
une toile de Murillo ; il s'émeut et grandit
à la lecture d'une scène de Corneille, et
la musique l'enivre.

Il n'y a pas assez d'hommes ainsi faits ;
ils sont parfois trop violents ou trop
absolus ; mais ils possèdent ce genre de
résistance qui engendre l'obstination du
bien.

Que d'hommes sans bonté et sans
moralité dont le seul mérite est de
gagner leur vie !

C'est un original, disent les niais. Mais tant mieux ! Ne l'est pas qui veut. Les originaux se révèlent ; les autres se cachent ou affectent des sentiments qu'ils n'ont jamais eus ; les originaux sont les bons, les intéressants ; ils sont eux-mêmes au moins : les autres sont les imbéciles, les insignifiants ou les fourbes.

Je ne crois pas que les femmes mentent plus que les hommes ; mais elles ont, pour arranger la vérité, lorsque les circonstances l'exigent, un art dans lequel nous resterons des écoliers. « Que tu mens mal, mon chéri ! » dit une des femmes de Gavarni.

A quel point les petites filles sont déjà des femmes, par leurs préoccupations de coquetterie, leur envie d'attirer les regards et leur soif de compliments, c'est ce dont il est facile de se convaincre en les voyant, au jardin des Tuileries, sauter à la corde ou jouer à la visite. Elles minaudent aussi, comme elles ont vu minauder leurs tantes ou leurs grandes sœurs ; elles en font à leur insu la caricature : ce sont de petits singes accomplis.

L'écrivain dit beaucoup ce qu'il a pensé ou observé ; la femme de lettres dit surtout ce qu'elle a senti. Le livre d'un homme peut ne pas lui ressembler, celui d'une femme la rappelle toujours : le style est rarement l'homme, monsieur de Buffon ; mais très souvent il est la femme.

Le plus sûr moyen d'irriter les femmes et de leur déplaire, c'est d'attaquer leur sexe ; elles seraient moins sensibles à des accusations personnelles.

Certaines femmes d'esprit ont épousé des sots et elles l'ont fait exprès.

J'ai la curiosité du bonheur des autres. Je voudrais, par exemple, avoir une idée, un reflet de ce qui se passe dans le cœur

de la femme à qui celui qu'elle aime mur-
mure de sa voix la plus douce : « Si vous
saviez comme vous êtes jolie ! »

Elle le sait, monsieur, n'en doutez pas ;
elle le sait presque aussi bien que vous ;
mais ce que nous ne savons pas, nous,
c'est la joie qu'elle éprouve à se l'entendre
dire. Il doit y avoir là un trouble, une
émotion, un frémissement, un délire qui
ne ressemble à rien de ce que nous
connaissons.

Le mérite des femmes se résume dans
le verbe *aimer*, comme celui des hommes
dans le verbe *penser*.

Je ne vois jamais un vieux miroir sans
regretter de ne pouvoir lui entendre

raconter toutes les confidences qu'on lui
a faites, tous les sourires, tous les témoignages de satisfaction dont il a été l'impassible témoin. Il dirait peut-être aussi de
quelle façon il faut s'y prendre pour ne
rire que des yeux lorsqu'on n'a pas de
belles dents.

Il doit y avoir une raison, mais je ne
l'ai pas trouvée, pour que la plupart des
femmes qui ont brillé par la force de
l'esprit se soient signalées en même temps
par les faiblesses du cœur. Je ne parle ni
d'Aspasie, ni de Catherine II, ni de Chris-
tine de Suède, ni d'Élisabeth d'Angleterre,
ni de Mme de Tencin, ni de Mme de Staël,
ni de George Sand, ni de Rachel; mais il
y a dans tous les mondes des exemples
nombreux de ce que j'avance, et nul ne
serait en peine de les citer.

La plupart des femmes vivent d'amour
et de vanité; tout dans leur conduite se
rattache à ces deux sentiments. Ce qui
reste en dehors est accessoire.

Si deux amis se disaient toujours avec
bienveillance et charité, dans le seul but
de se rendre réciproquement meilleurs,
toute la vérité sur leurs erreurs et leurs
fautes, leur amitié, qui déjà est un grand
plaisir, serait en outre un grand secours.
« La sincérité est le sacrement de l'amitié », dit très bien le proverbe arabe.

Qui que vous soyez, homme d'esprit,
de cœur ou de talent, ou simplement bel

homme, si vous voulez vous concilier les sympathies du plus grand nombre, ne faites point sentir votre supériorité. Les hommes n'aiment pas les distances; ils ne vous pardonneraient que si vous aviez du génie.

Il y a des caractères qu'on pourrait appeler négatifs: ils ne disent jamais oui, et rien pour eux n'est bien fait. Lorsqu'ils se marient, ils répondent au maire et au prêtre par un signe de tête, afin de n'avoir pas dit oui tout à fait. Ils dédaignent, ils s'éloignent, ils repoussent, et lorsque, par hasard, ils acceptent ou approuvent, ce n'est jamais ni franchement ni complètement; ils pensent montrer par là l'exquise délicatesse de leur goût ou la supériorité de leur jugement. Tout ce qu'ils ont d'esprit consiste à nier, à dénigrer, à sourire de ce sourire narquois

qui semble dire aux gens : rien n'est vrai
ni beau ni bon et vous êtes tous des
imbéciles.

Il est très permis d'affirmer qu'en dehors
de leurs petites affaires et de leurs habitudes régulières, qui n'exigent aucun effort
de l'esprit, un grand nombre de gens ne
pensent absolument à rien. Ils se lèvent,
ils mangent, ils s'agitent, ils se couchent,
et cela fait, ils ont vécu pour vingt-quatre
heures. Tout au plus peut-on dire qu'ils
ont longtemps dormi et qu'ils ont fait un
pauvre rêve.

Les hommes sans honneur sont d'autant
plus disposés à mal juger les autres qu'un
secret instinct les pousse à se chercher
des semblables.

Les égoïstes qui ne font du bien que dans leur testament sont des égoïstes inintelligents : s'ils voyaient le bien qu'ils font, ils se donneraient à eux-mêmes une jouissance de plus.

Pour juger de la valeur réelle d'un homme il faudrait pouvoir s'enquérir, non seulement de ce qu'il a fait, mais aussi de ce qu'il a voulu.

La beauté porte les femmes à être indifférentes et paresseuses : il leur suffit de paraître, elles le savent et ne font aucun effort de plus.

Pour que votre femme vous crée ce foyer intime qui compose le meilleur de la vie, il faut qu'il y ait entre elle et vous une communauté d'idées et de sentiments qui permette de dire tout ce qu'on a dans le cœur et dans la pensée. S'il n'en est pas ainsi, le mieux sera de vous isoler, de garder pour vous des impressions qui ne seraient ni comprises ni partagées, et ne serviraient qu'à rendre plus profond l'abîme qui vous sépare.

Vous qui mourez criminel, vous n'êtes pas le pire des hommes : il y a au-dessous de vous celui qui vit infâme.

Aux jours d'épreuves, quand de mauvaises spéculations, l'incendie ou les désastres de la guerre auront amené dans une maison les chagrins et la ruine; quand les courages seront abattus, comptez, pour les relever, sur l'épouse, la mère ou la vieille domestique. Ce sont elles qui, restées vaillantes et gardant l'espérance, répandront autour d'elles, en s'ingéniant à les rendre efficaces, les trésors de dévouement et de charité active que toute femme porte dans son cœur.

Un des bons moyens de se tirer d'affaire ou de ne point se compromettre avec les hommes qui deviennent malheureux, c'est d'avoir le courage de ne pas leur dissimuler qu'ils ont eu bien des torts

Il serait intéressant de savoir ou au moins de supposer ce que ferait, ce que deviendrait une femme dans la solitude. Une des femmes à imagination, qui écrivent le roman avec tant de charme, aurait dû nous donner un Robinson féminin.

La disposition où j'étais dans ma jeunesse à vouloir que les femmes fussent parfaites m'a rendu très sensible aux imperfections que le temps et l'expérience m'ont forcé de découvrir.

Ce qui constitue l'homme, ce qui le distingue des autres animaux, c'est la tête, siège de l'intelligence. Aussi les têtes d'hommes sont-elles toutes à peu près de la même grosseur; les différences de grandeur ou d'épaisseur ne se manifestent que dans le corps et les membres, parties purement matérielles, et, dès lors, secondaires pour l'être pensant.

Quand on songe au nombre de poignées de mains que les hommes aimeraient mieux ne pas donner, on admire la dose de philosophie ou d'insouciance qui permet aux femmes d'embrasser à pleines joues toutes les amies qu'elles détestent.

Mlle T. sait très bien ce qu'elle dit : « Elle a beau avoir quarante ans et une figure qui n'est peut-être pas très régulière, elle a un je ne sais quoi dans le regard qui étonne et fascine ; elle pourrait raconter les ravages qu'elle a faits dans plus d'un cœur : si elle ne s'était pas tenue sur une extrème réserve, il serait certainement arrivé quelque chose. On ne l'a pas demandée en mariage parce que personne n'ignore qu'elle est très difficile : on a craint un refus. Des artistes lui ont dit souvent qu'elle avait un cou magnifique et que ses yeux lançaient des flammes ; au couvent, elle était celle de toutes les élèves qui avait le front le plus haut et la plus noble prestance. Ses dents sont un peu en avant, mais puisqu'elles sont blanches, ce n'est pas un défaut ; elle aime mieux, d'ailleurs, être un peu grosse que plate comme une limande, et le léger duvet de ses lèvres n'a rien de choquant ; au contraire, il donne du caractère à sa physionomie. Et puis, en bonne conscience, quel effet produirait un petit nez effilé sur une tête qui est forte par elle-même? Ne faut-il pas que tout soit en proportion? »

Sa camériste, qui a souscrit depuis long-temps à ces judicieuses observations, résume d'un mot ses impressions personnelles sur Mlle T. en l'appelant, le sourire aux lèvres : ma chère petite maîtresse.

Mlle T. s'occupe beaucoup des choses de l'esprit; elle puise là des jouissances supérieures aux plaisirs futiles que recherchent tant de femmes qui n'ont rien dans la tête. Elle suit les cours de la Sorbonne et du Collège de France, où les professeurs la remarquent, dit-elle, pour son art de savoir écouter; elle assiste également aux séances de l'Académie; elle connaît toutes les illustrations littéraires et, à la façon dont elle cite leurs ouvrages, on ne peut pas douter qu'elle ne les ait lus.

En résumé, Mlle T. a lieu d'être satis-

faite de sa personne et de l'existence in-
tellectuelle qu'elle s'est créée. Elle a
élevé son esprit et son cœur, elle plane
au-dessus des mesquines préoccupations
d'ici-bas, et chacun lit sur son front la
beauté de son âme, car « elle a mis ses
soins, elle le déclare en baissant les yeux,
à ce que la lame chez elle fût mieux
encore que le fourreau. »

L'homme n'est peut-être ni le plus beau
ni le meilleur, mais il est le maître ; c'est
de son côté que se trouve la force, c'est
lui qui se nomme lion. Les femmes rai-
sonnables ne trouvent pas mauvais qu'il
en soit ainsi : elles reconnaissent que,
dans le mariage, l'un des deux devant être
le chef, celui qui dirige, l'homme était
naturellement désigné pour occuper la
première place. Seulement, ce qu'elles

demandent en échange, et elles sont en cela dans leur droit le plus étroit, c'est que l'homme mette à profit son intelligence, son instruction, son expérience de la vie et son amour du foyer pour assurer d'une manière durable le bonheur de celle qui lui a dit : « Conduis-moi, j'irai où tu voudras, je ferai ce que tu me conseilleras. »

Lorsqu'on a dit que la femme supplée à la force par la ruse, on a oublié d'ajouter : et par l'aplomb. Dans les magasins, dans les rues, dans les voitures publiques, dans la foule comme dans les salons, la hardiesse, le sans-gêne et l'audace appartiennent à la femme. La réserve, la peur de déranger ou de déplaire sont représentées par l'élément masculin.

On a fondé le mariage sur les désirs

que font naître les charmes extérieurs ; de là tant d'erreurs et de mécomptes. Avec ses conditions de durée, de communauté, d'acceptation et de dévouement, avec l'obligation de se montrer l'un à l'autre ses bonnes et ses mauvaises qualités, de se faire chaque jour de mutuelles concessions, le mariage ressemble peu à l'amour et beaucoup à l'amitié.

Qu'est-ce que deux ou trois ans de passion et d'aveuglement, — cela ne va guère au delà, — quand tout le reste de l'existence doit reposer sur l'estime et sur la sympathie ? Si l'homme qui songe à se marier cherchait une belle âme plutôt qu'une belle figure, un bon cœur et un esprit cultivé, au lieu d'une poupée, il trouverait une amie plutôt qu'une amante, et son bonheur intime, comme celui de ses enfants, serait mieux assuré. On n'a presque pas été trop loin en disant : « les époux qui s'estiment s'aiment toujours assez. »

Depuis que les femmes passent des examens et se livrent aux grotesques exercices de l'analyse logique, elles ne font plus de fautes contre la grammaire : la phrase est correcte et l'orthographe irréprochable. Que la grâce et l'agrément aient un peu souffert des gênes de la syntaxe à outrance, on ne saurait le nier; la règle étouffe le naturel : plus d'une fois la préoccupation du participe entre deux *que* ou quelque autre de ce genre a dû nuire à l'expression alerte et vive de la pensée. Mais il y a des sacrifices auxquels il faut se résoudre. La science aujourd'hui l'emporte sur le charme, le progrès le veut ainsi, et l'important, pour une jeune fille qui se respecte, est d'avoir son diplôme. Charmantes épistolières des derniers siècles, et vous, mesdames de

Staël et de Girardin, et toi, illustre George Sand, nous auriez-vous laissé tant de pages où respirent l'esprit, le naturel et la grâce, si vous aviez passé vos examens ?

Ne repoussons pas les hommes d'autrefois par le seul motif qu'ils sont d'autrefois : ces hommes puisent une force que rien ne remplace dans le dépôt des traditions, dans le respect d'un passé fécond en enseignements. Il y a là tout ensemble des exemples qu'il ne faut pas suivre et de graves leçons dont il faut profiter ; c'est à ce compte que les générations nouvelles allieront la vertu à la liberté.

Ce qui sauve la femme dans sa conscience, malgré ses erreurs ou ses indignités, ce qui la maintient courageuse et forte, ce qui la relève à ses propres yeux, ce qui la console aussi de bien des mécomptes, c'est l'amour maternel. La femme se réfugie dans cet amour, le plus ardent, le plus réel des amours, avec tout ce qui lui reste de bon dans le cœur et dans la pensée. Elle adore son enfant, cela lui suffit pour oublier qu'elle n'aime rien autre chose et qu'elle-même n'est aimée de personne.

Avant de vous engager dans la voie où l'on se perd, songez qu'il vous faudra marcher sans cesse, et souvent malgré vous, avec des pieds toujours plus sensibles, sur des épines toujours plus dures, jusqu'à la fin d'une pénible et détestable route.

N'ayez devant les hommes que vous connaissez peu ni accès de gaieté ni accès de franchise ; ils pourraient partir de là pour porter sur vous un jugement que vous ne méritez pas. La retenue et la réserve sont de mise en toute occasion, et particulièrement au milieu des railleurs ou des indifférents.

Ce qui distingue l'homme du chien, c'est que l'un a pour ennemi celui que l'autre a pour ami : son maître.

Vaut-il mieux être grand que petit ? vivre dans la lumière ou dans l'obscurité ? — Quelques années mêlées de fièvre, de luttes et de célébrité sont-elles préférables aux longs jours d'une existence tranquille? Est-il sage de sacrifier les joies intimes du cœur aux satisfactions de l'amour-propre? Tous comptes faits, bonheur et grandeur ne sont-ils pas deux mots qui se repoussent?

J'entends répéter à satiété que les grandes qualités autorisent les grandes faiblesses et qu'un homme de génie a le droit plus qu'un autre d'avoir de folles passions. Qu'on dise que les ardeurs de l'imagination sont cause de beaucoup d'autres ardeurs, je le veux bien; mais qu'on ne dise pas que les unes justifient les autres. Lutter contre les entraînements, c'est donner une preuve de force de plus, et il ne me déplaît pas qu'un grand homme soit en même temps un brave homme. On en cite des exemples dont l'humanité ne rougit pas.

L'obligation où sont certaines femmes de subir certains maris, — et le nombre en est, hélas! considérable, — me confirme tous les jours un peu plus dans la pensée que la vertu nécessaire des femmes est la résignation.

Pour un grand nombre de lectrices, il y a peu de chose dans un livre de ce que l'auteur y a mis; il n'y a que ce qu'elles y cherchent. Tout ce qui n'est pas d'accord avec leurs sentiments les plus vifs ou leurs idées préconçues ne compte pas ou ne vaut rien.

On peut être l'ami d'une jolie femme, mais il faut convenir que la situation est délicate. En supposant qu'un homme soit très décidé, par sa position comme par ses sentiments, à rester l'ami sincère et dévoué d'une femme, à ne vouloir rien être de plus, est-il bien sûr que la femme s'en contenterait longtemps ? Ne finirait-elle pas par trouver que ce sage, son ami, est bien aveugle, et, partant, bien ennuyeux ? Quoi ! elle aurait de la grâce, de l'élégance, une jolie main, un charmant visage, et cet ami ne s'en apercevrait pas ? Est-ce bien admissible ? Où est la femme, même la plus simple, qui n'adore être admirée ?

Le jour pourtant où l'ami lui donnerait ce plaisir, il deviendrait, comme tant d'autres, un débiteur de compliments, de fadeurs et de sottises ; il serait un galant et cesserait d'être un ami.

Si j'étais femme et que j'eusse des

amies, je les aimerais jusqu’à la confidence exclusivement.

L’amour rend les hommes aimables ; il fait plus pour les femmes : il les rend jolies.

Quand on songe à la puérilité des moyens employés pour séduire une femme, à la légèreté avec laquelle elle se laisse dominer, on s’étonne qu’un amour, conquis à si peu de frais, puisse avoir tant de racines et résister à tant d’épreuves. Le besoin d’aimer, chez la femme, correspond, chez l’homme, au besoin de se distraire.

Le jour où l’on se voit lâchement trahi par celui qui, la veille encore, témoignait

son affection, on se prend à ne plus
détester ni les voleurs ni les assassins : il
y a un degré d'horreur où la lâcheté est
plus odieuse que le crime.

Un homme, pour être bien, doit avoir
de l'esprit, et un homme d'esprit, pour
être complet, doit avoir de la mémoire.

Dire à une femme qu'elle a été jolie,
c'est naïvement lui avouer qu'elle ne l'est
plus. Elle ne s'attirerait pas ce sot compliment si on la voyait moins préoccupée
de faire renaître une beauté depuis longtemps disparue.

Le vrai motif pour lequel nous ne
sommes pas grands, c'est que nos actions,

bonnes ou brillantes, aboutissent trop souvent à la vanité, cette gloire des petites âmes. On parle d'honneur, d'exploits, de générosité, de dévouement, de sacrifices ; on voit de beaux mariages, d'ardentes amours, de larges aumônes et de grandes entreprises ; et lorsque, après y avoir regardé de près, on retranche sur tous ces points la part de la vanité, il ne reste presque plus rien.

. Comment définir l'homme un être raisonnable lorsqu'on le voit tout ensemble maudire la vie et redouter la mort ? Il se plaint et il a peur, deux signes de faiblesse ; il accuse le destin et s'excuse lui-même, deux preuves de folie.

Nous ne savons gré que du succès : à

lui toutes les faveurs et toutes les palmes ; tant pis pour qui ne réussit pas. Celui qui, voulant rendre service à ses semblables, a fait des efforts stériles, mériterait pourtant bien d’être remercié ; comme les autres, il a donné son temps et sa peine ; comme eux, il a fait preuve de savoir, d’intelligence et de bonne volonté : puisqu’il n’a pas la récompense, on lui devrait la consolation et le réconfort. Mais quoi ! il n’a pas réussi.

Les hommes se lassent d’être bien presque aussi vite que d’être mal ; ils ont soif de changement ; quand leur bonheur a duré trop longtemps, ils lui tournent le dos. C’est la déesse nouveauté qui les inquiète, les excite et les attire : ils ne veulent pas précisément être mieux, ils veulent être autrement.

L'homme qui connaît tous les avantages de la bonté, les émotions qu'elle procure, la joie qui l'accompagne, disons même le profit qu'on en tire, regarde les méchants avec autant de surprise que de regrets; il accuse l'esprit plus encore que le cœur, et je ne crois pas qu'il se trompe : la méchanceté est surtout une faute de raisonnement.

Prenez un homme aussi bien doué que bien élevé; accordez-lui l'esprit, le courage et la générosité; faites qu'il aime à se dévouer, à prodiguer son ardeur pour soulager l'humanité ou pour défendre sa patrie : il planera au-dessus des autres, il n'aura peur de rien ni de personne, il bravera tous les ennemis, un seul excepté : le fantôme du ridicule.

Une amusante dissimulation est celle de ces braves gens qui ne veulent pas être bons : ils empruntent à la rudesse ses plus grossières écorces pour montrer qu'ils ne sont pas aussi aimables qu'on le prétend. Ils tiennent à ce qu'on sache qu'ils ont du caractère et qu'ils ne se laissent pas attendrir. C'est l'histoire de la plupart des bourrus bienfaisants.

Il est aussi sage d'être bien avec les honnêtes gens qu'il est dangereux d'être mal avec les autres.

Que de grosses sottises les jeunes filles ne feraient pas, si elles étaient moins curieuses!

Une femme sait-elle bien ce qu'elle fait
et à quoi elle s'expose lorsqu'elle se plaint
à un homme des torts de son mari?

A part les heures de crise ou d'abatte-
ment, les choses restent belles de la
même manière, quelles que soient les dispositions de notre âme : l'homme qui
aime la nature sera toujours ému à la vue
des grandes scènes de la création. Il n'en
est pas ainsi pour les personnes et surtout pour la femme

Dont la beauté pour nous est notre amour pour elle.

L'amour n'est pas aussi aveugle qu'on
le prétend : mais il incline à ne voir que
ce qui est bien : tout le reste, les yeux

ne le voient pas ou l'imagination l'embellit. Quand une femme aimée est intelligente et bonne, cela rayonne sur cette figure que l'amant se plaît à contempler, cela fait oublier les lignes irrégulières et les traces du temps. Le roi de Perse qui ne pouvait croire que Megnoun aimât Léilé aussi éperdument qu'on le racontait, fut bien autrement surpris lorsqu'il vit cette personne, objet de tant d'ardeurs: elle était maigre et très loin d'être belle. « Jugez donc si je l'aime, lui dit l'heureux amant, puisqu'elle est aussi belle à mes yeux qu'elle est laide aux vôtres. »

On ne s'est pas assez rendu compte du rôle que joue la bonté dans l'amour : c'est elle qui captive, qui retient, c'est elle qui donne des charmes nouveaux. La beauté attire, elle ne fixe pas. Lorsqu'elle n'est secondée ni par l'esprit ni par le cœur, elle n'exerce une puissance durable que sur des êtres matériels; un homme qui aime longtemps une femme dont le seul mérite est d'être belle est certainement une brute.

Croyez-moi, mademoiselle, lorsque vous choisirez un mari, regardez moins à la moustache qu'à l'esprit; ne vous occupez sérieusement de la tète de ce jeune homme que pour vous assurer qu'il y a quelque chose dedans. Aucun désastre n'est plus grand, pour une maison, que la nullité de son chef. Les longs jours du mariage ne s'écoulent pas dans une ivresse perpétuelle : ils ont besoin d'être alimentés par la pensée, par de bonnes et utiles causeries, par les instructions données, en toutes circonstances, à la chère compagne et aux enfants. Là où cet aliment fait défaut, le vide et le silence remplacent toutes choses, et l'ennui vient, entraînant à sa suite d'inévitables maux.

Si des consolations peuvent n'être pas vaines, c'est lorsqu'elles sont prodiguées par des femmes. Sensibles et dévouées, elles savent pénétrer dans notre cœur; leur compassion est réelle et profonde, elles souffrent avec nous, et il semble qu'elles nous enlèvent, en la prenant pour elles, une partie de nos douleurs.

Quand deux femmes du monde ou du demi-monde (on ne fait guère de différence aujourd'hui) ont été d'accord pour se rechercher et « faire commerce d'amitié », elles s'aiment si fort qu'elles ne peuvent plus se quitter. Mais elles ne tardent pas à s'apercevoir qu'elles se nuisent, et, à partir de ce moment, elles se découvrent réciproquement des torts, des défauts et de ridicules prétentions qu'elles s'étonnent de n'avoir pas vus tout de suite. Jalouses ou indignées, elles s'éloignent alors l'une de l'autre avec un empressement qui témoigne du soulagement qu'elles éprouvent à ne plus être obligées de vivre ensemble.

« Il n'a pas d'esprit, mais il est très bon », dit-on parfois d'un excellent homme. Il faut, pour parler ainsi, s'être fait une idée bien étrange de l'esprit et de la bonté.

Combien sont-ils ceux qui peuvent, selon le mot d'Horace, s'envelopper de leur vertu? Le grand mal vient de ce que la notion du juste et de l'honnête manque au plus grand nombre : les uns n'ont pas de sens moral et les autres n'ont jamais eu le sens commun. Il n'y a pas assez d'âmes parmi les hommes, il y a trop de marionnettes.

Les hommes très doux et très faibles, placés, par leur faiblesse même, sous la domination de leur femme ou de leur gouvernante, éprouvent de temps en temps le besoin de montrer qu'ils sont forts ; et comme ils ne savent où prendre la véritable force, ils ont recours, pour en tenir lieu, à la grossièreté : ils jurent, ils s'agitent, ils s'emportent, et lorsqu'ils ont crié trois ou quatre fois : *Tonnerre ! Sacrebleu !* les voilà persuadés qu'ils ont fait preuve d'énergie et qu'on ne doutera plus qu'ils sont des hommes.

Les bienfaiteurs délicats aiment à raffi-
ner et ils ont raison; ils savent que le
prix des choses dépend beaucoup de l'état
de notre âme au moment où nous les rece-
vons. D'autres se contentent de faire le
bien et de soulager ceux qui souffrent :
eux choisissent l'heure favorable, l'heure
où ils sont sûrs, en doublant le plaisir ou
l'émotion, de mettre le sourire aux lèvres
et la joie dans les cœurs. Même un bienfait a besoin de venir à propos. Ce n'est
pas une mise en scène que recherchent
les bons, c'est une mise au point.

Persuadez donc aux avares qu'ils ne
possèdent des millions qu'au détriment
de ceux qui ne possèdent rien; que leur
fortune est un dépôt dont ils sont comp-

tables à leurs semblables, et que s'ils ne rétablissent pas l'équilibre par leurs dépenses et leurs bienfaits, ils font un vol à la société!

Honnête homme qui n'êtes pas assez fort pour n'employer que votre force, soyez habile s'il le faut, mais ne descendez pas jusqu'à la ruse.

On ne devrait charger de l'éducation des enfants que des hommes dont l'âme est assez haute et le cœur assez bon pour leur inspirer une entière confiance. Bien qu'ils ne connaissent pas le mot mépris, les enfants dédaignent et repoussent instinctivement les êtres qu'ils ne sentent pas supérieurs; ils aiment ce qui est

grand, et ce qui est grand est seul capable
de les grandir eux-mêmes.

Le jour où vous serez de mauvaise
humeur, regardez-vous comme n'étant
bon à rien pour le prochain ; fuyez son
approche et fermez votre porte. Si vous
donniez un conseil ou un secours, vous
le donneriez en boudant, en maugréant;
ce serait du bien perdu.

Peu d'hommes ont des opinions qui
leur soient propres ; c'est paresse d'esprit
sans doute, mais la plupart ne pensent
que par reflet.

Si le travail et les affaires ne nous

absorbaient pas, si notre esprit, au lieu d'être appliqué forcément aux objets sérieux de la vie, s'égarait dans le vague, peut-être aurions-nous aussi, comme les femmes, nos coins de petites folies ; ce qui le prouve, c'est que les désœuvrés du monde emploient leur temps et leur argent à se faire coquets, maniérés ou grotesques, tout comme s'ils étaient des sots.

Les manies qui germent et se développent à l'excès dans la cervelle des femmes viennent prendre une place restée vide ; si cette place avait été remplie par quelques soucis quotidiens ou quelque grosse occupation, il est probable qu'aucun excès ne se serait produit ; mais les femmes oisives ont plus d'imagination que les autres, et cette imagination a besoin d'aliments. Les exagérations que je me permets d'appeler folies portent, selon les goûts ou les tempéraments, sur des points qui diffèrent, mais qui gravitent invariablement autour d'un centre commun : la vanité. La femme qui s'est mis en tête d'avoir de l'esprit en a beaucoup trop, celle qui se plaît à jouer le rôle de femme supérieure ne recule devant aucune sottise, et celle qui veut être belle, exceptionnellement élégante, ne met point de bornes à l'extravagance de ses toilettes. Hors de là, il n'est pas rare que chacune de ces dames soit agréable et même sensée. Voyant entrer dans un salon une femme dont la toilette est excentrique et ridicule, vous vous écrierez : Quelle folle ! et vous découvrirez un instant après, en causant avec elle, que tout en restant bien réellement folle par le côté toilette, c'est une personne aimable, intelligente, qui adore ses enfants, et qui parle avec beaucoup de bon sens des charmes de la simplicité.

Vous pouvez juger avec une quasi-certitude du caractère et de la valeur morale d’une femme par l’attention qu’elle prête aux méchants propos. Elle ne connaît ni ne déteste la personne dont on médit, et pourtant, ce n’est pas sans un malin plaisir qu’elle entend jaser sur son compte ; il semble qu’elle se donne la consolation de se dire : en voilà encore une qui ne vaut pas grand’chose. Cette femme appartient à la famille de ces esprits étroits que nourrit de petitesses une curiosité malsaine.

La lecture des romans, ceux qu’on dit honnêtes aussi bien que les autres, est funeste aux jeunes filles. Ces tendresses, ces extases, ces élans sublimes, ces héros en bronze et ces fadeurs poétiques si loin de notre prosaïque réalité, ne servent qu’à exciter leur imagination en faussant leur jugement, et elles n'ont pas besoin de cela. A quoi bon, d'ailleurs, préparer à ces jeunes cœurs, pour leur entrée dans la vie, tant de regrets et de désenchantements !

Lorsqu'une femme a l'imprudence de laisser voir qu'elle en sait plus que les autres femmes , son petit bagage de science ne tarde pas à devenir une prétention ou un ridicule. Elle a même tort de chanter trop bien : le talent déconsidère, le succès choque.

Devenue veuve à cinquante ans, la baronne de S., après avoir consulté son miroir, reconnut qu'il lui restait encore de belles années à parcourir, et qu'elle serait coupable de les perdre dans la solitude. — Un homme quelconque, sorte de chevalier d'industrie qui passait par là, comprit qu'en flattant cette folle, il trouverait aisément le chemin de son cœur. Il lui versa donc à grands flots les compliments les plus ridicules, et lorsqu'elle fut enivrée, ce qui ne tarda guère, ils échangèrent des aveux, des promesses, des mensonges et de douces paroles, afin d'être prêts à s'unir le mois suivant.

Quand le mariage fut consommé, plus d'un siècle pesait sur ces deux têtes, et l'on dut s'occuper au plus vite des moyens de se rajeunir. La nouvelle mariée partagea avec son bien-aimé sa provision de teinture et de poudre de riz; on fit emplette de cheveux, de cosmétiques, de parfums, puis on passa dans un autre pays pour être libre de refaire à son aise les actes de naissance. Lorsque ces deux grotesques furent convenus de n'avoir plus, lui que quarante ans, elle que trente-cinq, ils se répandirent dans le monde, dans tous les mondes, sans choisir, en affectant les tenues les plus excentriques et les sentiments les plus passionnés. La pauvre folle s'en allait racontant partout pourquoi et comment elle était la plus heureuse des femmes ; son mari avait tous les talents, elle avait toutes les vertus, et elle ne s'est jamais aperçue, dans ses naïfs épanchements, que chacun lui riait au nez. Si ces deux gens qui ne s'aimaient pas, qui ne pouvaient s'estimer, avaient eu, par miracle, un éclair de raison, quel n'eût pas été leur dégoût réciproque !

Les femmes n'auraient pas d'amant et ne s'exposeraient, comme il arrive toujours, ni à la honte ni à l'abandon, si elles étaient bien convaincues que le seul art de plaire, c'est l'art de résister. Le jour où elles cèdent, on les aime moins et l'on n'est pas loin de les mépriser.

Tout homme peut et doit être utile ; à lui de se dépenser au profit de la société, selon ses forces et ses facultés. Quel qu'il soit, pauvre ou riche, prince ou manant, il est tenu de donner sa part de travail et d'efforts. Celui qui ne veut rien faire de plus que se nourrir et s'amuser est un être nuisible par sa lâcheté personnelle autant que par le mauvais exemple qu'il donne : il usurpe sa place sur la terre et sa mort pourrait être acclamée.

Répondons de nous dans le temps présent et à l'heure même de l'action ; ne décidons rien pour l'avenir : savons-nous ce que des circonstances nouvelles feront de notre cœur, de notre volonté ? La seule promesse qu'il soit permis de se faire sans présomption, c'est de rester honnête. Quant au courage, à la générosité, au sacrifice, ils dépendent trop des événements.

Les animaux qui s'élancent tête baissée au milieu de la foule ont beaucoup de chances de se voir livrer passage. Ainsi pensent les audacieux et les butors : ne tenant compte d'aucune considération en dehors de leurs intérêts, ils renversent tout ce qui les gêne : leurs devoirs ainsi que vos droits, leur honneur aussi bien que le vôtre ; et lorsqu'ils touchent à ce but si ardemment poursuivi, ils rient de vous qui restez aux prises, sur la route, avec le respect des autres et le sentiment de votre propre dignité.

Les hommes d'esprit se résignent difficilement au silence ; lorsqu'ils ont ce genre d'habileté, les quelques mots qui leur échappent doublent de valeur.

L'homme supérieur par excellence serait celui qui, ayant des vertus, des talents et de l'esprit, vivrait au milieu des vanités humaines et n'aurait lui-même aucune vanité.

Les oiseaux au nid ont le bec jaune ; il y a des hommes qui l'auront toute leur vie. Naïfs dans la jeunesse et niais dans l'âge mûr, toujours béjaunes : ils n'ont rien vu ni rien compris ; à quarante ans, ils traînent encore leur coquille.

Peu d’hommes ont assez de droiture ou d’indépendance d’esprit pour admettre et comprendre les sentiments qu’ils n’ont pas eux-mêmes éprouvés.

On s’étonnerait moins de voir les hommes en vieillissant devenir ambitieux, avides d’argent, de bien-être, de luxe, de succès et de gloire, si l’on savait mieux que tout cela suffit à peine pour les dédommager de la perte de la jeunesse.

Que d’hommes seraient naturels s’ils ne prenaient pas tant de peine pour faire croire qu’ils le sont.

*

Les impressions, les chagrins, les plaisirs, l'argent, les privations, et même les coups de bâton, ainsi que Byron enfant le voulut faire pour soulager son cher Peel, — que ne partage-t-on pas avec son ami ! Notre ami est si bien un autre nous-même que nous lui faisons partager aussi, sans scrupule et comme un privilège, nos souffrances et nos dangers. Chamfort nous a raconté que M. Dubreuil, pendant la maladie dont il mourut, disait ingénuement à son ami M. Pehméja : « Pourquoi tant de monde dans cette chambre ? Ma maladie est contagieuse, il devrait n'y avoir que toi. »

*

Par ses habitudes comme par son aspect, Zacharie rappelait les animaux immondes ; comme eux il était laid, comme eux il était sale et se plaisait dans la fange. De plus qu'eux malheureusement, il avait la pensée, dont il faisait un détestable emploi. Ses goûts, son langage, ses idées, ses sentiments, tout en lui était bas; il vivait de vilenies : l'ordure l'attirait, le mal le réjouissait. Tout ce qu'il avait d'intelligence se concentrait sur deux points : les biens matériels dont il était avide, et les petites infamies qu'il pouvait faire à son prochain. Il n'avait pas d'autre visée. Odieux et malfaisant par instinct, par choix en quelque sorte, il était fier d'une honte et prenait son cynisme pour de l'esprit. Il avait renforcé à son usage la maxime : *chacun pour soi*, en y ajoutant : *tout contre les autres*.

Certaines figures semblent s'illuminer lorsqu'elles sont animées par une bonne action ou un sentiment élevé : pour que la sienne rayonnât de joie, il fallait qu'il eût accompli quelqu'une de ces indé-

licatesses qui faisaient les délices de sa
vie : sa peau jaune reluisait plus encore
que de coutume, il souriait d'un méchant
sourire oblique qu'il croyait très fin, et
son œil fauve étincelait.

Cet homme n'était ni un débauché ni
un prodigue ; il avait, au contraire, beaucoup d'ordre et de parcimonie. Chacune
de ses actions était pesée, réglée, cal-
culée : rien de ce qui correspondait avec
ses chères jouissances n'était perdu de
vue, et les questions d'intérêt le trouvaient
toujours aussi habile que prévoyant.
Tout tenter, tout oser pour satisfaire ses
appétits et son avidité, fût-ce au mépris de
la plus vulgaire probité, tel était son pro-
gramme. L'honneur et la dignité étaient, à
ses yeux, une jolie plaisanterie. Sachant à
quoi s'en tenir sur ces farces-là, pour
parler son langage, il en profitait lorsqu'il les rencontrait chez les autres, car
il avait étudié à fond l'art de mettre tout

à profit, mais personnellement il ne s'en servait pas. S'il lui était arrivé un seul jour d'avoir une noble pensée ou un mouvement généreux, il n'aurait pas hésité à se croire devenu fou.

A la place du sens moral, qui lui était vaguement apparu comme ne rapportant rien, il avait mis l'audace et l'impudeur, auxquelles il avait fait rapporter beaucoup. Ne pas croire à la honte et se procurer le bien-être à n'importe quel prix, tout pour lui était là. « Vanité pour vanité, disait-il, le succès vaut mieux que le respect, et l'argent l'emportera toujours sur la considération. »

Nous nous résignons volontiers, souvent même nous nous plaisons à dire : Voilà un homme supérieur et qui mérite d'être pris pour modèle. Je ne sais si, entre elles, les femmes ont ce courage-là.

Parmi les fléaux permanents, il faut placer les langues de vipères; elles ne font leurs tournées quotidiennes chez les voisines et les amies que pour laisser, dans la maison de chacune, l'inquiétude, le trouble et le soupçon.

La jeune fille qui va se marier entrevoit, dans un avenir prochain, une jolie toilette suivie de beaucoup d'autres, une liberté relative, les hommages rendus à la jeune personne qui sera devenue madame, les soins, les attentions, les galanteries d'un mari délicat et passionné, mille autres choses encore qu'elle imagine et qu'elle adore; mais le mariage lui-même, dépouillé de ses fadeurs, de ses câlineries

et de son vain prestige, le mariage avec
ses devoirs, sa durée, ses peines, ses
misères et ses hasards, elle ne le soupçonne presque jamais. Elle voit le mariage
avec sa poésie, elle ne voit pas le ménage
avec sa prose, elle croit aller au-devant
d'un beau rêve, et c'est parfois la plus
plate des réalités qui l'attend.

Il est bon, du reste, qu'il en soit ainsi :
qui nous donnerait des femmes et des
mères si les jeunes filles savaient tout?
Et puis, le soldat qu'enflamme son courage ne va pas à la mort, il vole à la victoire.

Pourquoi la femme à l'église est-elle
toujours maussade? Ce n'est pas à cause
de ses péchés, elle y pense très peu. Est-
ce parce qu'elle aperçoit des toilettes plus
jolies que la sienne, ou parce qu'il lui

déplaît de se trouver avec tant de personnes de son sexe?

C'est à l'église que la femme incline le
moins à la charité; elle ne supporte pas
d'être troublée dans son recueillement;
elle a choisi, d'ailleurs, son poste d'observation, et tient à le conserver. Aussi
n'a-t-elle plus aucune des petites com-
plaisances courantes ; au théâtre ou
dans un salon, elle ne refusera ni de
laisser passer une autre femme ni de lui
faire une petite place : à la messe, elle
est impitoyable.

Mme de L..., presque aussi grosse
que spirituelle, arrive un jour un peu
tard à l'église, et se voit forcée, pour
trouver une place, de déranger quelques
dames. L'une d'elles interrompt ses élans
vers le ciel pour maugréer contre l'am-
pleur importune de la nouvelle arrivée.
« Ah! madame, lui dit à voix basse
Mme de L..., combien il serait plus

charitable, puisque vous êtes en prière, de demander à Dieu qu'il me fasse maigrir. »

Une femme a besoin de beaucoup d'esprit pour savoir vieillir; quand elle y réussit, il est rare qu'elle ne soit pas charmante.

Épouser une femme disgraciée dans l'espoir qu'elle sera du moins reconnaissante, c'est admettre qu'elle se tient pour disgraciée, et là commence l'erreur.

Si un jeune homme, au début de son mariage, décidait que sa femme n'aurait d'autre société intime et habituelle que celle des hommes, combien de piqûres, de froissements, de tracasseries et de chagrins il épargnerait à sa femme, et quelles garanties il lui donnerait pour la paix du ménage!

Comment faire pour être à la fois sincère et poli avec des gens auxquels on ne peut dire la vérité sans paraître leur dire des injures!

Timide comme une jeune fille! Voilà une comparaison contre laquelle je demande la permission de m'inscrire en faux. *Gras comme un moine, malin comme un singe* ou *noir comme un charbonnier*, à la bonne heure! Mais on se trompe depuis longtemps en prenant la jeune fille pour image de la timidité. J'ai vu des demoiselles et des jeunes gens au théâtre, sur les plages ou dans les salons de leurs mères, et il ne m'a pas paru que la réserve et le silence fussent du côté de la pudeur. J'ai vu aussi de jeunes mariés, au lendemain de la cérémonie ou le jour des visites de noces, et le plus embarrassé des deux, ce n'était pas elle.

Une des grandes habiletés des femmes du monde consiste à plaire par leurs défauts. Les extravagances et les excentricités font souvent plus de conquêtes que la pudeur et la beauté ; le piquant, l'étrange l'emportent sur le décent. Je ne parle pas des difformités, quoique j'aie entendu dire d'une femme à la mode qu'elle louchait avec une grâce exquise.

C'est dans leurs préjugés, plus encore que dans leurs principes, que les femmes puisent les éléments de leur vertu.

7.

Quoique les femmes pleurent avec une extrême facilité, les larmes sont encore leur plus puissant moyen d'action. Quand les caresses, les prières et les évanouissements sont restés sans effet, c'est avec des larmes qu'elles obtiennent ce qu'elles veulent ou qu'elles prouvent leur innocence.

A la question : « Madame X... vous a-t-elle plu? » j'ai entendu quelqu'un répondre sur un ton de respectueuse indifférence : « Mais oui, elle a tant d'esprit... elle est si bonne ! » Je me suis mal rendu compte du sens de ces paroles; j'aurais voulu pouvoir demander à cette dame ce qu'elle-même en pensait. Peut-être serait-elle d'avis que ces qualités

qu'on lui accorde sont une manière polie
de lui refuser celles auxquelles elle tient
le plus : la grâce et la beauté.

Il doit toujours être possible à une
femme raisonnable de suivre la mode, à
la condition d'y apporter le tempérament
du bon goût.

Les indifférents qui parlent avec emphase et très haut des malheurs du prochain rappellent les cloches qui sonnent
à grand bruit pour les morts : la sensibilité est la même.

Les jeunes filles élevées par une mère
qui les écrase de sa supériorité se
taisent respectueusement ou obéissent

avec une petite mine et une voix douce
que les anges leur envieraient. Mais des
orages grondent sous ces fronts candides;
l'indignation et la révolte sont dans les
cœurs.

Elles sont bonnes à autre chose qu'à
broder des pantoufles et à jouer du piano;
elles le savent, elles se le répètent sans
cesse, et jamais elles ne répondent, sou-
mises en apparence, l'éternel : « *oui,
maman,* » sans murmurer aussitôt : « cela
ne durera pas toujours. »

Celui qui doit briser la chaîne et réaliser les rêves d'indépendance, c'est le
mari. Aussi est-il attendu avec une grande
impatience et accepté souvent avec trop
de précipitation.

Lorsqu'une mondaine fait l'éloge d'une
jeune ouvrière, douce et courageuse, ou

d'une mère de famille qui élève bien ses
enfants, elle y met tout son cœur; on
croirait qu'elle sait de quoi elle parle et
qu'elle sent ce qu'elle dit. Elle n'a du
travail et de la famille que des idées
très imparfaites, sans doute ; mais
elle tient à rendre hommage à la vertu,
et elle ne marchande pas ses louanges.
Le point important pour elle, lorsqu'elle
répand ainsi tant d'exclamations et de
bonnes paroles, c'est qu'il s'agit d'une
femme du peuple et non d'une femme
du monde.

Comme épouse et comme mère,
Mme P... avait eu de grands chagrins ; elle
avait souffert de longues mortifications
et ne s'était jamais plainte. Riche, elle
avait secouru les pauvres, aidé ses amis
et comblé de douceurs ceux qui l'entou-
raient. Les plaisirs du monde lui étaient

restés complètement étrangers ; elle n'avait eu que des joies intimes et les avait puisées toutes dans le travail, dans l'accomplissement de ses devoirs et dans le bonheur des autres. — La monotonie de son existence n'a été rompue que par des événements malheureux ; il est peu d'épreuves cruelles que son cœur n'ait subies.

Devenue pauvre, elle n'avait rien perdu de son angélique sourire, et semblait attendre sans impatience que le ciel s'ouvrît. Elle n'avait reçu aucune éducation, on ne lui avait rien appris, rien inspiré ; elle ne devait qu'à elle-même son exquise délicatesse, sa vaillance, son dévouement, sa touchante résignation.

Mme P... était loin d'être belle ; cependant, on aimait à la regarder, tant la nature avait répandu sur ses traits l'intelligence du bien et la céleste douceur de la charité. A tous ceux qui venaient à elle pour être secourus ou consolés, ses yeux humides de larmes semblaient dire aussitôt : je vous plains, je vous aime et vous pouvez compter sur moi.

Jamais créature humaine ne m'a paru répondre d'une manière plus complète et plus juste à l'idée qu'on se fait de ses vertus et de son dévouement lorsqu'on s'écrie : C'est une sainte! On trouverait difficilement une âme plus pure, plus éprise du bien, plus prompte à s'oublier elle-même.

Connaissez bien les faiblesses et les forces de votre ami, afin de pouvoir parler pertinemment des premières avec lui et des secondes avec les autres.

L'homme à qui la Providence a fait

rencontrer sur cette terre un être sympathique. et doux, qui l'aime de tout son
cœur, n'a pas grand'chose à attendre de
plus : il a sa part de bonheur.

LE MONDE

ET

LES SOTS

N sot! c’est-à-dire un van-
tard, un prétentieux, un
maladroit, un indiscret, un
impertinent et le reste. Jamais si petit mot n’a résumé
tant de choses.

Que craindre de nos ennemis? — Le
tort qu’ils cherchent à nous faire? Le

mal qu'ils disent de nous ? — Cela ne vaut guère la peine de s'émouvoir. Nous ôteront-ils la faculté de penser, la joie que donne une bonne action, le sentiment du devoir accompli ? Tant qu'ils resteront impuissants contre le cœur et l'esprit, ils seront peu redoutables.

Savoir parler est plus difficile ; savoir écouter est plus rare.

Les femmes ont les sots en horreur : rien de plus hautain, de plus dédaigneusement écrasant que le regard qu'elles laissent tomber sur eux lorsqu'ils ont accompli quelqu'une de ces maladresses dont ils ont le secret. Elles auraient moins de mépris pour un voleur : le mot *maladroit* dans leur bouche et dans leur pensée est plus dur que le mot *coquin*.

Demander conseil est souvent un moyen de faire une concession à la vanité des autres sans cesser pour cela de parler de soi.

De trois victimes que fait la calomnie, — celle qui parle, celle qui écoute et celle dont on parle, — c'est encore la dernière qu'il faut plaindre le moins.

Deux caractéristiques de l'homme d'esprit en société : la mesure et l'à-propos.

Les seules réunions agréables sont

celles où nul ne se croit tenu de briller, où la parole est à qui veut la prendre, où aucune supériorité écrasante n'oblige les autres, soit à se taire, soit à se surmener, et où l'on peut, comme l'aimait Montesquieu, se tirer d'affaire avec son esprit de tous les jours.

La pitié qui n'a pas d'esprit est indiscrète et cruelle à l'égal de la méchanceté.

Vous est-il arrivé de constater le désappointement d'un monsieur qui, après avoir laissé tomber, comme par hasard, un mot spirituel, jette discrètement autour de lui un coup d'œil d'intelligence? Si oui, vous avez dû sourire. Il n'aperçoit que des bouches béantes et des regards distraits ; son auditoire se composait de sots dont pas un n'a compris.

Les deux choses les plus difficiles à
conserver intactes au milieu des hommes
sont la fierté du caractère et la délicatesse des sentiments.

Écoutez un sot, si vous en avez la
patience, le jour où il s'est mis sur son
beau-dire : vous saurez à quel point la
métaphore et l'emphase peuvent tourner
sur le cœur.

Si l'on pouvait se faire une idée exacte
du degré d'intérêt que prennent les autres
à ce qui ne les touche pas personnellement, que de confidences pénibles, que
de déceptions l'on s'épargnerait ! Il ne

resterait plus, pour persévérer dans cette voie de la confiance stérile, que les bavards qui ont la rage de parler d'eux et de leurs douleurs, même à ceux qui ne les écoutent pas.

Il y a des importants qui sont vraiment des personnages, des artistes qui ont beaucoup de talent et des savants beaucoup de science; mais est-ce une raison pour qu'ils aient de l'esprit ? Il s'en trouve, parmi les plus considérables, qui sont et resteront des sots. On n'a pas assez remarqué combien de gens très intelligents et très instruits sont en même temps dépourvus de tact et de délicatesse : quelques-uns, sous ce rapport, sont de véritables phénomènes.

Instinctivement et sans trop nous ren-

dre compte de cette incessante manifestation de notre humeur vaniteuse, nous
ne dénigrons l'humanité que pour nous
rehausser nous-mêmes; c'est une manière
de nous poser en exceptions. Pour être
juste, pour s'améliorer et tendre à se
grandir, c'est le contraire qui serait à
propos : avoir une haute opinion de la
nature humaine, et une médiocre de soi.

L'homme qui parle, même à un ami,
de son bonheur intime, de ce qui se passe
et ne se passe pas au foyer, de la beauté
de sa femme, des espiègleries de ses enfants et de mille détails domestiques qui
ne regardent personne, est peut-être un
excellent mari, mais à coup sûr c'est un
sot.

Robert est un jeune homme très sûr de

lui, dont l'esprit consiste à n'être jamais
de l'avis de personne. Quel qu'il soit, un
argument est mauvais ou sans valeur, par
ce seul fait qu'il est dans la bouche d'un
autre. Laissez-lui prendre un parti,
abondez dans son sens, et vous ne le con-
tenterez pas : il faut que son opinion soit
à lui seul et qu'il ait trouvé sans vous la
vraie raison des choses. Dites comme
lui, et il répétera encore : ce n'est pas
cela.

S'il y a tant d'exemples d'ingratitude,
ce n'est pas toujours parce que notre
cœur refuse de payer ce qu'il doit, c'est
très souvent parce que notre vanité est
intraitable. La reconnaissance serait beaucoup moins rare si elle ne blessait pas
l'amour-propre.

En examinant de près certains sujets,

on ne constate pas sans épouvante à quel
point l'amour exagéré de soi-même peut
rendre stupides des gens qui, pour la gouverne de leurs affaires, sont très intelligents. Les préoccupations personnelles
les absorbent et les aveuglent de telle sorte
que, lorsqu'il s'agit des autres, ils cessent
brusquement de sentir et de penser. Tout
leur devient indifférent; on les prendrait
pour des idiots : ils parlent des malheurs
d'un voisin en fredonnant, et ils ne s'a-
perçoivent pas qu'ils fredonnent.

Ayez raison, je le veux bien; mais que
ce ne soit pas pour faire sentir aux autres
qu'ils ont tort. Aimez la vérité en prati-
quant la charité.

« Quand on n'a que son cœur, il faut

s'aller cacher , » a-t-on dit. Il faut au moins ne rien demander au monde ; il faut le laisser à ses distractions, à ses entraînements, à ses ivresses, et tout attendre de soi-même, quelles que soient les rigueurs du sort. Il y a un âpre plaisir, pour les âmes vigoureuses, dans ce défi jeté à la fortune adverse. Tant que vous vous sentirez fort contre l'attaque, généreux envers les ingrats et supérieur à votre destinée, vous éprouverez la grande satisfaction qui élève l'âme et qui vaut à elle seule bien des bonheurs faciles.

La politesse a ses exigences et ses tortures ; elle subit les manifestations de l'hypocrisie, de l'obséquiosité ou de l'outrecuidance sans laisser voir ce qu'elle éprouve. A la façon courtoise dont elle reconduit tant de gens qu'il faudrait éconduire, on pourrait croire qu'elle n'a rien vu, rien entendu, rien compris.

Pourquoi les richesses n'augmentent-elles pas la bonté des bons comme elles augmentent la sottise des sots?

Le monde ne juge que sur les apparences, dit-on. Mais sur quoi veut-on qu'il juge? Il ne sait rien des sentiments intimes et ne peut deviner si les gens n'ont d'esprit que pour un jour. — C'est plus tard, quand les charmes extérieurs l'ont attiré, quand il regarde de plus près et au fond, qu'il juge si le dedans vaut le dehors, et s'il doit maintenir l'estime ou l'affection que, sur la foi des apparences, il inclinait à accorder. Seulement alors il

sait ce que valait l'étiquette du sac et a
le droit de dire avec le proverbe espagnol :
« Pour être vêtu de soie, le singe n'en
est pas moins une bête. »

Pour plaire au milieu des hommes, et
surtout auprès des femmes, pour être
aimable et agréable, un jeune homme doit
avoir la modestie de ses années sans
en avoir l'embarras.

L'homme du monde sacrifie tout aux
usages, ses sentiments comme ses opinions ; les égards et la politesse ne suffi-
raient pas : il faut renoncer à son caractère. Soyez le dernier des pleutres en
vous conformant aux usages, et vous
serez reçu partout.

*

Le celtique *gog,* exprimant plaisir, bonne vie, se trouve à la racine de quelques mots, plus ou moins populaires, qui éveillent l'idée de réjouissance, d'abondance et de plaisanterie, tels que *goguette, gogaille* et *à gogo,* pour les choses, et *goguelu, goguenard* pour les personnes. Or le goguenard, s'il se bornait à rire, à plaisanter, comme l'origine de son nom l'y autorise, serait inoffensif; mais il fait plus, il se moque, il n'a pas d'autre genre de gaieté, et c'est par là qu'il déplaît et offense. — La goguenarderie a cela de particulièrement choquant qu'elle s'égaye des choses qui prêtent le moins à la plaisanterie; elle est systématique, elle est brutale, elle en est presque niaise. On riposte à un moqueur qui se moque à propos, sans charité peut-être, mais non pas sans motif ; au goguenard, pour qui tout est sujet de ricanement, on ne peut que tourner le dos. Il est des cas, du reste, où, si l'on n'avait pas cette prudence, on en viendrait à lui cracher au visage.

Chez les imbéciles, la goguenarderie est naturelle ; ils ricanent nez en l'air et bouche béante, sans savoir à peine pourquoi. Chez les autres, elle est plus étudiée ; souvent même on l'emploie comme expédient : c'est en interloquant les gens par un sourire narquois ou quelque drôlerie de mauvais goût, que l'on coupe court à leur argumentation et qu'on se trouve dispensé de répondre à ce qu'ils ont dit.

Tout cela serait peu de chose encore si le goguenard cessait de rire lorsque les sentiments sont en jeu ; mais rien ne l'arrête : il blesse le cœur avec autant de légèreté qu'il choque le bon sens ; il n'a pas même assez d'esprit pour n'être point cruel.

La vanité bien entendue, si ces deux mots ne se repoussaient pas, consisterait à être supérieur à la position qu'on occupe, à n'aspirer qu'aux postes, aux honneurs dont on serait réputé deux fois digne. Ceux qui suivent une voie opposée cherchent à se grandir aux yeux des autres, et c'est le résultat contraire qu'ils obtiennent. Mably, en refusant de se présenter à l'Académie, disait avec finesse : « Si j'étais de l'Académie, on demanderait peut-être : Pourquoi en est-il ? J'aime mieux qu'on demande : Pourquoi n'en est-il pas ? »

Quand vous causerez avec un sot, —

le cas est à peu près inévitable, —
mettez la conversation sur quelqu'une des
grosses questions politiques, philoso-
phiques ou sociales qui lui sont chères
telles que l'équilibre européen, le prolé-
tariat, l'origine des idées, ou la pre-
science et le libre arbitre, — et soyez
assuré que, pendant quelques instants du
moins, vous ne vous ennuierez pas.

Exprimez-vous facilement, raisonnez
juste, causez avec modération et avec
goût, montrez quelque savoir, et ce ne
sera point une raison pour que le monde
vous accorde de l'esprit; il donne ce nom
à quelque chose de plus brillant, de plus
bruyant, et aussi de plus futile. Résignez-
vous, c'est un sacrifice à faire au modeste bon sens.

La finesse de l'esprit n'est pas celle du caractère ; on peut être en même temps un sot et un malin.

A voir de quel air conquérant certaines gens portent leurs disgrâces, on se dit que la Providence a bien fait de se montrer, à leur égard, économe de ses dons. Il était juste qu'elle réservât ses faveurs pour ceux qui, plus modestes ou plus exigeants, ne se contentent pas à si peu de frais.

Un moyen sûr de devenir meilleur et plus éclairé serait de mettre à se corriger et à s'instruire tous les soins que l'on prend pour cacher son ignorance et ses défauts.

Quelle bonne chose que la louange lorsqu'elle est méritée! Quelle chose insupportable et sotte, au contraire, lorsqu'elle est prodiguée par la flatterie ou la bassesse!

Pour n'être pas entêté, il faut posséder une dose de savoir et de bon sens qui permette d'avoir conscience de tout ce qu'on ignore. C'est parce qu'ils n'en sont pas là que les ignorants et les sots tiennent tant à leurs idées et les défendent avec tant de confiance. Plus l'esprit est borné, plus il est absolu.

Qu'est-ce que ces gens qui s'ennuient? On serait tenté d'envier leur sort. Il y a donc des moments dans la vie où ils ont la cervelle en repos? Ils n'ont donc plus la mémoire ni la pensée? Leurs yeux sont donc fermés, leurs oreilles bouchées? Ils n'ont donc plus rien à apprendre?

Les deux grands pourvoyeurs de la sottise sont l'ignorance et la méchanceté.

Les importants, lorsqu'ils discutent, ne sont heureux que s'ils ont une opinion qui leur soit personnelle; c'est ce qui les pousse au paradoxe et les fait tomber si souvent dans le ridicule.

Notre vertu nécessaire est la bonté ; notre défaut capital, la vanité.

Sur cent hommes qui s'agitent, à peine
en est-il deux qui pensent. Il faut les comparer, comme les Indiens, au soufflet du
forgeron; cela respire et cela ne vit pas.

Il y a des gens restés assez naïvement
bêtes pour être convaincus qu'ils sont
seuls à avoir de l'esprit.

Pourquoi ne se regardent-ils pas eux-
mêmes tous ces prétentieux que choquent
si fort les défauts d'autrui? Leur critique
aurait de quoi s'exercer et au moins elle
servirait à quelque chose.

La raillerie, érigée en système, est le

grand dissolvant des relations sociales ; elle dessèche et détruit tout, les choses du cœur comme celles de l'intelligence ; elle ôte à ceux qui la subissent le courage d'agir et de penser. Si fine, si spirituelle qu'on la suppose, elle fait toujours une victime, et cela suffit pour la rendre insupportable. C'est une gêne devenue fléau.

La plaisanterie a sa place dans la conversation, surtout en France ; dite à propos et mesurée avec tact, elle joue même un rôle utile et charmant ; mais lorsqu'elle se fait pavé, lorsqu'elle dure ou qu'elle insiste, rien n'est plus choquant. Le proverbe italien nous donne un bon conseil en nous disant de tourner court à la plaisanterie dès qu'on en rit.

Une société n'est vraiment en progrès

que si elle tend, par l'accumulation de
ses forces intellectuelles, par l'associa-
tion des bons sentiments que renferment
les âmes, à accroître son capital moral.
C'est sur lui que l'humanité doit compter
pour contre-balancer et rendre moins
nécessaire le capital matériel.

On avait fait des lois à Lacédémone
pour condamner à l'amende ceux qui se
faisaient trop aimer, et qui s'appropriaient
tous les cœurs de leurs concitoyens. Si
de telles lois étaient en vigueur parmi
nous, verrait-on beaucoup de riches qu'elle
réduirait à la misère?

Heureux les esprits tranquilles, qu'aucun délire ne transporte, et qui, forcés
de vivre dans ce monde de petitesses,

sayent discerner ce qu'il faut prendre dans un milieu où il y a tant à laisser !

La lutte engagée dans le monde et dans les ménages entre l'homme et la femme laissera la victoire indécise, tant qu'on ne saura pas si, des deux lois qui nous gouvernent, celle du plus fort l'emporte sur celle du plus fin.

Les usages et les exigences de la société obligent à se voir, à se complimenter, beaucoup de gens qui ne peuvent pas se sentir. Les lèvres là sont loin du cœur, et l'on pourrait se demander ce que veulent de nous ces indiscrets et ces fourbes qui, non contents de nous jalouser et de nous haïr, s'arrogent encore le droit de nous déranger. Un loup de mes amis avait coutume de dire : « Ceux qui me rendent des visites ne me font guère honneur; ceux qui ne m'en rendent pas me font bien plaisir. »

Un moyen sûr de mettre une femme d'esprit en fureur, c'est de la forcer d'avouer qu'elle a aimé un sot.

Ce monsieur qui s'en va toujours souriant, toujours flattant et toujours se courbant, a peu d'esprit et encore moins de cœur; il réussit cependant auprès d'un grand nombre de gens : il a pour clientèle beaucoup de femmes et tous les sots.

Je n'ai pas la mesure des résultats

obtenus en France sous le régime parle-
mentaire par les hommes d'État qui ont
parlé ; mais je crois avoir une idée à peu
près exacte du bien que beaucoup d'orateurs auraient pu faire s'ils avaient su se
taire à propos.

De toutes les choses à redouter d'un
sot, il faut mettre en première ligne ses
compliments : ils sont capables de cou-
vrir un artiste de confusion, ou de faire
mourir de honte une jeune pensionnaire.
Puisse le ciel avoir donné la patience et
la résignation à ceux que leur position
oblige à les essuyer!

Le jour où vous serez consulté par
votre supérieur, n'oubliez pas qu'il
n'attend de vous qu'une approbation.

Taisez-vous si vous n'aimez pas mentir, déclinez votre compétence ou éludez avec adresse; mais ne vous avisez pas de lui donner un bon conseil.

La disposition qu'ont certains jeunes gens à se croire capables les empêche de le devenir. Le doute et l'hésitation n'existent pas pour eux; ils tranchent toutes les questions avec une mâle assurance, et c'est ainsi qu'ils s'entretiennent dans l'erreur et la sottise. On voudrait leur dire ce qu'ils gagneraient à n'avoir à la bouche, comme le demandait Montaigne, « qu'une façon de respondre enquestante et non résolutive »; mais ils n'ont, paraît-il, de leçons à recevoir de personne.

Il y a des maisons où un monsieur,

vieil ami de la famille, a pris l'habitude
de dicter des lois. C'est lui que l'on con-
sulte sur les questions scientifiques et
littéraires comme sur les points délicats.
Il a réponse à tout, et le ton d'autorité
sur lequel il prononce ses arrêts inspire
au petit monde qu'il domine une respectueuse admiration. On ne discute point
ses avis, on les adopte aveuglément. Cet
oracle, ai-je besoin de le dire? est presque
toujours un sot. Il se mêle de tout : des
fonds à placer, des partis à prendre, des
démarches à faire, des toilettes à porter.
Quand on a du monde, c'est lui qui parle
et qui découpe ; si un enfant vient à
naître, c'est lui qui choisit les noms de
baptême et qui décide sur la question de
savoir si on le mettra en nourrice.

Ainsi s'expliquent, dans bien des cas,
les idées étroites, les préjugés, les
erreurs et les principes aussi absurdes
qu'absolus que nous trouvons obstinément

installés dans des cœurs confiants et des cervelles ingénues : tout cela est l'œuvre de l'ami, du conseiller intime de la maison.

Les hypocrites et les méchants ne font pas tout le mal dont ils sont capables parce qu'ils manquent généralement d'esprit et que leurs trop grandes préoccupations personnelles les empêchent de tout prévoir. Leurs procédés ne sont pas ingénieux et leurs figures de cafards les dénoncent. Bien que la dissimulation soit leur grand art, celui qu'ils ont le plus d'intérêt à cultiver, ils éprouvent un tel besoin de mordre le prochain que leurs sourires, même les plus doucereux, ressemblent toujours à une grimace.

Si les hypocrites ne trompent pas les hommes, ceux au moins qui ont un peu de perspicacité, à plus forte raison ne

trompent-ils pas Dieu, qui lit au fond
des cœurs et sait à quoi s'en tenir sur la
sincérité de leurs sentiments.

Ces deux points établis, on se demande
à quel genre de calcul se sont livrés ces
hanteurs d'église sans croyance, et sur
quels profits ils ont compté en se faisant
traîtres à Dieu et au prochain. Ils réus-
sissent mal au milieu des hommes puisque
leur masque est transparent et que le miel
de leurs paroles ne dissimule pas le fiel
de leurs cœurs; et ils ne peuvent pas
compter, étant fourbes et lâches, sur
une place au paradis.

J'en étais là de ce dilemme, me demandant si, par hasard, ces sortes d'hommes
n'étaient pas encore plus bêtes qu'ils ne
sont fourbes, lorsqu'un de mes amis,
ecclésiastique très versé dans la science
du cœur humain, m'apporta le secours de
ses lumières.

Le nombre des gens qui sont dupes de

l'hypocrisie est beaucoup plus grand que
vous ne le pensez, me dit-il : il se compose de toutes les personnes pieuses et
charitables qu'anime un sentiment pro-
fond. Celles-là ne croient pas, ne peuvent
pas et même ne veulent pas croire qu'on
joue avec les choses sacrées, qu'on fasse
de la dévotion une odieuse singerie ; elles
prennent donc pour argent comptant ou
au moins pour de bonnes promesses
toutes les faces de bon apôtre comme
toutes les pratiques extérieures ; à leurs
yeux, les hypocrites sont bien, pensent
bien et se conduisent bien par le seul
motif qu'ils s'acquittent quotidiennement
de leurs devoirs religieux ; cette garantie
est la meilleure, la plus sûre ; elle remplace même toutes les autres. Il ne faut
rien de plus pour que les vrais dévots
adoptent les faux dévots sans aucune
arrière-pensée ; de ce jour, leur sympathie, leur protection, leur dévouement

sont acquis à cette légion de renards dont ils refusent obstinément de voir le bout de l'oreille.

C'est pour gagner ou, plus exactement, pour capter la confiance de cette clientèle, considérable par le nombre et par sa position dans le monde, que les hypocrites se sont faits hypocrites. Ils ont là des succès réels, durables, et ils retirent de leurs manœuvres des bénéfices de tout genre. Le pauvre obtient des secours, l'employé de l'avancement, le négociant des commandes et le vaniteux des honneurs. A un degré ou à un autre, il n'est pas de Tartuffe qui n'ait trouvé son Orgon.

Le parti que les fourbes ont pris leur était dicté par la plus vulgaire prudence : ils étaient méchants, envieux et lâches; pouvaient-ils le laisser voir? Non, assurément. Or comment dissimuler toutes ces laideurs sans un masque, et quel autre que celui de la religion aurait pu cacher tant de bassesses? — Si les hypocrites n'ont pas toujours les apparences de la vertu, ils ont au moins celles du respect et de l'humilité, et il n'en faut pas davantage pour édifier les bonnes âmes.

Vous le voyez, ajouta mon ami, les hypocrites font encore ici-bas d'assez bonnes affaires. Reste la question de l'autre monde, qui ne vous semble pas résolue. Mais seraient-ils méchants et faux si, pour eux, il y avait un autre monde? Leurs préoccupations du ciel sont purement apparentes; ils y voient un moyen et non un but. Comment admettre que ces misérables craignent Dieu, puisqu'ils se moquent de lui, puisqu'ils osent entrer dans sa maison, se mêler à la troupe des fidèles, avec la prière aux lèvres, et l'envie ou la haine dans le cœur?

Conclusion, me dit-il en terminant : les

hypocrites ne sont pas des sots. Leur
âme est basse, leur esprit est étroit, leurs
instincts sont odieux; mais ce ne sont
pas des imbéciles : ils possèdent une dose
d'habileté dont ils font à leur profit le
plus utile emploi. Ils ne croient pas en
Dieu, mais ils croient fermement à la
bêtise, ou, au moins, à l'aveuglement, à
la naïve confiance d'un grand nombre de
gens.

Les *oseurs* et les *gêneurs,* deux sortes
d'hommes qui s'imposent et qui lassent,
qui forcent les portes, et emploient, pour
atteindre leur but, tous les moyens que
la délicatesse réprouve, sont d'ordinaire
un composé de sottise, d'outrecuidance,
d'égoïsme intrépide et de bassesse.

L'art de l'homme d'esprit qui cause

avec un sot consiste à détourner la conversation du sujet favori sur lequel ce
sot a l'habitude de se répandre en discours intarissables : il y a des dadas qui
sont des monstres.

Parlez médecine à un médecin, comètes
à un astronome, libre échange à un fabri-
cant ; écoutez-les vous dire ce qu'ils savent ou ce qu'ils pensent : vous aurez fait
des heureux, et vous n'aurez pas perdu
votre temps.

Les succès, dans le monde, au milieu
des petitesses et des frivolités, sont au prix
du sacrifice de votre caractère. Faites
provision de fadeurs pour les dames,
ayez pour les hommes toutes les com-
plaisances et toutes les souplesses;

poussez le mépris de vous-même jusqu'à flatter l'opulence et la sottise ; faites tout cela avec grâce, le sourire aux lèvres, comme un plat valet, et vous réussirez.

Et quand, sortant des salons où ces choses se passent, vous serez seul quelques minutes dans la rue silencieuse et sombre, fredonnez la dernière valse, pour continuer à vous étourdir, et ne pas laisser à votre pensée le temps de s'appesantir sur votre sot métier ; si la réflexion se mêlait un instant de vos petites affaires, le dégoût de vous-même pourrait vous gagner.

Défiez-vous des beaux prometteurs, engeance odieuse et menteuse qu'il faudrait fouetter. Ils prennent toutes les apparences, toutes les formes de l'homme qui fait le bien et ne le font jamais. Ce sourire, ces grimaces, ce geste affectueux cet accent sympathique, ému même si les circonstances l'exigent, sont autant de singeries ou de perfidies. Descendez dans le for intérieur de ceux qui prodiguent tous ces mensonges, et c'est à peine s'ils pourront dire, non seulement ce qu'ils ont promis, mais à qui ils ont parlé.

Il n'y a pas de public d'élite ; partout où les hommes sont assemblés, il y a foule et la vulgarité commence. Les bons sens individuels s'effacent, les esprits délicats, toujours en petit nombre, s'abstiennent ou disparaissent, et les phrases sonores, les lieux communs les plus ronflants continuent d'être applaudis.

Dans la vie, pesée à son poids léger

et dégagée de toute vanité mondaine, il n'y a que deux choses vraies : l'intelligence et l'amour.

Jeunes gens qui voulez briller dans le monde, n'oubliez pas, avant de prendre la parole, qu'en saisissant l'occasion de montrer les qualités que vous avez, vous vous exposez à laisser voir toutes celles qui vous manquent.

Le poste que nous occupons n'est pour rien dans l'estime que nous méritons; nos qualités personnelles, nos vertus seules nous donnent des droits réels à la considération.

Pourquoi M. Plantier était-il hautain

et superbe ? lui qui ressemblait si fort à un marchand de bestiaux; il ne le savait pas très bien lui-même; seulement il était devenu riche à la faveur d'heureuses spéculations, et tous ceux qui n'étaient pas aussi riches que lui étaient, à ses yeux, de petits garçons. Il les prenait en pitié, il leur ricanait au nez, et se demandait naïvement quelles pouvaient être les satisfactions de « ces pauvres diables qui n'avaient pas le sou. »

On donnerait difficilement la mesure de son infatuation et de sa sottise; elles dépassaient les bornes ordinaires. Cet important parlait incessamment de lui, de son habileté, de sa fortune, des entreprises et des économies destinées à l'augmenter encore, et ne s'était jamais aperçu des sentiments de dédain, souvent même de dégoût qu'il inspirait à ceux qui, retenus brutalement par le bras ou par le bouton de leur paletot, devenaient ses

auditeurs résignés. Tout ce qui ne ten-
dait pas à gagner de l'argent, à grossir
ses revenus, était ridicule et dérisoire.
Avait-il assez de ruse pour sentir que
son ignorance et sa grossièreté l'obli-
geaient à soutenir cette thèse? Je ne
saurais le dire. Toujours est-il qu'il ne
dissimulait à personne son incontestable
supériorité. En dehors de lui, Plantier,
l'homme arrivé, de sa femme, paysanne
dont il avait épousé la dot, de ses filles
dont il admirait l'intelligence et les
charmes, de ses amis, enrichis comme lui
et par les mêmes moyens, il n'y avait
absolument rien que des imbéciles et des
rêveurs; il les appelait, avec un sourire
qu'il devait croire très fin, des nigauds.

Que de petits messieurs auxquels on
ne persuadera jamais que l'univers n'a
pas les yeux sur eux!

Les flatteurs savent bien ce qu'ils font; non seulement ils réjouissent le cœur de l'imbécile qu'ils flagornent, mais ils gagnent sa confiance : dans sa pensée, ceux qui lui disent tant de bonnes et aimables choses ne doivent dire que la vérité.

Dans votre joie naïve, montrez à un connaisseur de vos amis le tableau, le livre, l'objet d'art que vous êtes heureux de posséder. A force de le bien regarder, il découvrira un défaut, un point noir, et ne verra plus autre chose : c'est un empoisonneur de plaisirs.

On a souvent l'occasion de constater que des hommes qui ne sont ni incapables,

ni paresseux, ni méchants, ont été brusquement arrêtés dans leur carrière. La cause
de ce malheur est la sottise : ces hommes
ont trop parlé ou parlé mal à propos ; le
besoin de paraître les a poussés à se
compromettre ; ils ont gêné les uns, irrité
les autres, lassé tout le monde, et ils se
sont ainsi perdus eux-mêmes à force
de maladresses.

D'autres, sans être des aigles, sont parvenus à se créer une position, à l'améliorer tous les jours un peu, en se bornant
à travailler, à s'occuper de ce qui les
regardait, et en restant dans la sphère
modeste qui leur appartenait. La loi de
leur existence s'est appelée prudence et
bon sens.

De toutes les petites tortures auxquelles
on s'expose lorsqu'on livre une œuvre au
public, en est-il une qui égale celle d'en
entendre faire l'éloge par un sot?

Assurément il n'est pas rare que l'art et le sentiment se rencontrent ensemble ; mais ils se repoussent plus souvent qu'on ne le pense ; l'amant des formes et des couleurs a surtout l'âme dans les yeux ; il voit plus qu'il ne sent. Le goût des belles choses s'allie très bien avec la sécheresse du cœur, et même — disons-le sans paradoxe — avec la petitesse de l'esprit.

Nos vertus, dans le monde, n'ont rien d'absolu ; elles changent de caractère et de valeur selon les gens qui les jugent. Les plus grandes deviennent parfois les plus petites, et il peut arriver que les plus réelles n'existent pas ; les bonnes langues goûtent peu les réputations. Et puis, on a toujours quelque peine à reconnaître chez les autres les mérites que l'on n'a pas soi-même ; on a, pour les dénigrer ou les diminuer, des sourires ou des silences très éloquents.

Pour qu'une vertu restât une vertu aux yeux de tous, en dépit des vipères et des singes, il faudrait qu'elle n'éveillât ni l'intérêt, ni la vanité, ni l'envie, et qu'elle eût ainsi l'avantage très rare de ne gêner personne. C'est dire qu'il la faudrait très petite, négative en quelque sorte. Du Marsais racontait qu'il avait eu, dans l'esprit d'un avare, une vertu de ce genre. « Que pensez-vous de votre voisin ? » demandait-on à cet avare, en lui parlant de Du Marsais, qui était fort pauvre. — « C'est, répondait-il, un très honnête homme ; depuis quarante ans qu'il demeure à côté de moi, il ne m'a jamais rien demandé. »

Si tous les gens à qui les livres font

peur avaient eu le courage de s'avouer à eux-mêmes leur ignorance, ils auraient encore beaucoup appris dans la conversation.

Le monde se compose de deux sortes d'hommes : ceux qu'il faut prendre en respect et ceux qu'il faut prendre en pitié. Les uns sont là pour nous aider à supporter les autres, et nous armer, à l'occasion, de patience et de charité.

Quel métier de dupe que celui de donneur de conseils ! On ne fait pas ce que vous dites et l'on vous sait mauvais gré de l'avoir dit.

On prend une peine bien inutile

lorsqu'on raisonne sur la manière de se conduire dans les affaires et dans le monde ; ne suffit-il pas de s'être promis de vivre en homme de bien ?

La plupart des confidences sont des indiscrétions bien plus que des marques de confiance.

Il est bon, pour être aimable, que vous ayez de l'esprit; mais il est bon surtout que vous sachiez apprécier l'esprit de vos interlocuteurs. Votre amabilité n'est réelle et complète que si elle est un peu cause de l'amabilité des autres.

Celui qui, se voyant disgracié de la nature, privé des avantages de l'éduca-

tion et dépourvu de talent, se serait dit :
« Je veux être doux, affable, obligeant
avec tout le monde, et je le serai, quoi
qu'il arrive, » aurait pris le meilleur parti
le seul peut-être, pour trouver chez les
autres bon accueil et bon visage, et pour
se rendre la vie très supportable. Plus
que beaucoup d'autres heureusement
doués, ce serait un homme d'esprit.

La calomnie fait un tel chemin, lorsqu'elle s'acharne, qu'elle laisse des traces
même dans l'âme de ceux qui protestent
et nous défendent avec le plus de chaleur.

Consultez les hommes d'esprit et point
d'autres ; ils vous aideront à mieux faire.
Fuyez l'avis des sots ; il n'est pas de flat-

terie plus détestable et plus funeste que leur approbation.

Si tous ceux qui parlent se doutaient du tort qu'ils se font, on saurait de quel prix est le silence.

Presque tous les sots ont une attitude préférée sur laquelle ils comptent pour se montrer au monde sous le jour le plus avantageux.

Que veulent-ils et à quoi prétendent-ils, ces dévots qui concilient l'humilité en religion avec l'arrogance au milieu des hommes? Croient-ils donc que Dieu seul leur soit supérieur?

Beaucoup de gens qui sont bons ne font le bien ni simplement ni à propos, parce qu'il arrive trop souvent que, chez ceux-là mêmes, la vanité se met à la place de tout.

Dites quelque part, là où des hommes sont assemblés, que les sots sont une peste dont le monde ne guérira pas, et aussitôt l'un d'eux, le plus sot de tous peut-être, prendra la parole pour lancer contre ses pareils un foudroyant réquisitoire.

Nous pardonnons volontiers à ceux qui nous prêtent des vices; nous sommes inexorables pour ceux qui nous refusent de l'esprit.

La plus insupportable espèce dans le monde est celle de ces hommes qui poussent la sottise jusqu'à se croire tenus de faire toujours de l'esprit.

Ce n'est pas un prince qui vous fera sentir la distance qui vous sépare de lui : c'est un escroc ou un sot devenu riche ou baron.

Le talent est si belle et si bonne chose, on a tant de plaisir à le constater, qu'il est sage de se borner à l'applaudir à distance sans s'occuper de celui qui le possède. Que de fois il est uni à l'outrecuidance et à la sottise !

10.

Otez aux petits esprits le plaisir de médire sur le prochain; il ne leur en restera plus d'autre que celui de se contempler eux-mêmes.

Le plus vindicatif ne sera pas celui dont vous aurez compromis les intérèts ou froissé les sentiments ; ce sera celui dont vous aurez blessé la vanité.

On demande aux hommes de se regarder pour se corriger. Combien peu en sont là ! Presque tous se considèrent d'un œil si complaisant que leurs défauts ne leur semblent pas dépourvus d'un certain charme; ils travestissent même en système, pour n’avoir plus à y penser, leur impuissance et leurs faiblesses. Il est bien décidément vrai que le plus sot de nos flatteurs, c’est nous-mêmes.

A moins d’y être forcé, ne sortez pas le dimanche ; laissez la place à ceux qui ne sortent que ce jour-là. Bien qu’ils ne s’en soient pas rendu compte, les habitués du dimanche sont convaincus que, les jours fériés, Paris et ses environs leur appartiennent. Le besoin, bien naturel du reste, qu’ils ont d’aller et de respirer, les porte à prendre pour eux seuls, sans souci du prochain, tout ce qu’il y a d’air et d’espace. Si vous ne le croyez pas, attendez que, dans leur brutalité naïve, ils vous aient écrasé pour monter en chemin de fer quelques secondes avant vous. Cette expérience une fois faite,

vous serez guéri du plaisir de voyager
avec eux.

Acceptez, sans la vérifier, la bonne
opinion que tout le monde a d'un homme;
il y a bien des chances pour qu'elle soit
fondée. Défiez-vous, au contraire, de la
mauvaise ; on l'accueille d'ordinaire avec
un empressement qui se passe trop
volontiers de preuves.

On l'apprend tous les jours en avan-
çant dans la vie, il y a bien peu de vraies
joies en dehors du cercle d'amis et d'occupations que la destinée nous a fait.
C'est au milieu des siens, de ceux qu'on
aime, dans les plaisirs tranquilles et l'accomplissement des devoirs réguliers, que
réside le bonheur durable. L'homme qui

jouit sans trouble de ses affections et de ses livres ne demande au monde que de le laisser en paix.

La grande préoccupation des hommes est moins de n'être pas dupe que de ne pas le paraître.

Ceux qui éprouvent le besoin de parler ne s'inquiètent pas assez de savoir si l'homme auquel ils s'adressent est en humeur de les entendre. Les mots les plus spirituels peuvent rester sans écho en tombant dans des oreilles mal préparées. Il y a des moments d'absorption ou de malaise dans lesquels l'esprit ne goûte rien; il ne veut que le repos et le silence: on pourrait dire qu'il n'a pas faim.

Vous me demandez s'il y a en vous l'étoffe d'un ami. Bien que je sache le peu qu'on gagne à dire la vérité en pareille circonstance, je répondrai en toute franchise à cette question délicate.

Puisque ma réponse est négative — ce préambule le dit de reste — je n'ai besoin de recourir à aucune précaution oratoire pour vous donner mes motifs.

Ce qui vous manque, et cela suffit pour que vous ne soyez jamais un ami, c'est la solidité. Vous êtes fragile, changeant, facile à séduire comme à détourner; votre cœur peut s'émouvoir, battre même avec force, pendant un temps plus ou moins long, mais il ne s'attache pas. Vous êtes l'homme des impressions fraîchement subies, et vous obéissez aux courants nouveaux avec une ardeur que ne contrarie point la mobilité de votre caractère. On n'est pas méchant quand on est fait ainsi, on passe même pour

très aimable, mais on est souvent oublieux;
on néglige ce qui a été pour ce qui est,
et l'émotion du moment, vive et charmante, triomphe sans trop de peine des
souvenirs du passé. Très habile à tout
saisir, très propre à tout éprouver, vous
vous livrez avec une rare souplesse aux
voltiges du sentiment, et si l'on vous
prenait dans la période de l'exaltation, à
l'heure émue des épanchements et des
protestations, on ferait de vous un mar-
tyr. En un mot, vous êtes sensible plutôt que bon, et cette sensibilité, cause de
vos entraînements, ne sert jamais à vous
retenir. On vous attire beaucoup plus
qu'on ne vous captive, et, sans parler
d'aujourd'hui qui contient déjà tant de
choses, demain a pour vous des attraits
qu'hier semblerait n'avoir jamais eus.
Vous n'êtes ni indifférent ni perfide, vous
êtes sans consistance.

Avec vos qualités, bonnes et mauvaises,

avec votre esprit léger, vos sentiments soufflés et vos petits talents, on fait un homme du monde, très recherché et très goûté; on a des succès dans tous les genres, on se donne à soi-même quantité de petites satisfactions, on a mille personnes qu'on appelle *cher ami*, mais on n'en a pas une qui soit *un ami*.

J'ajouterai, si cela peut vous aider à prendre votre parti, que vous n'êtes pas seul de votre espèce; vous êtes même, tout considéré, un des moins laids parmi les indignes. Si l'on y regardait de près, on saurait que ce titre d'ami, si souvent donné à la légère, n'est mérité que par un très petit nombre d'hommes. On n'est ami qu'à la condition de s'occuper des autres au moins autant que de soi, et vous savez si, dans le monde, cette disposition est commune. « Je ne serai pas aimé sans doute, » m'a dit un jour, avec naïveté ou avec cynisme, un égoïste très

facilement résigné, « mais, en revanche,
je n'aurai ni sacrifices à faire ni chagrins
à partager. »

On nous reproche d'être des parvenus
et de faire des embarras avec nos récep-
tions, nos grands dîners et nos voitures,
disait un enrichi qui raisonnait comme
un sage ; mais serions-nous et pourrions-
nous quelque chose si nous n'avions des
amis, dans toutes les classes de la société,
pour nous saluer au bois, pour nous flatter
dans nos salons et pour manger nos dîners?
Que tout ce monde qui nous méprise
ne nous fasse pas tant d'honneur, qu'il
s'éloigne de nous, qu'il nous tourne le
dos, qu'il aille dîner ailleurs, et, quelle que
soit notre envie de paraître et d'éblouir,
nous ne ferons plus nos embarras. Nos
salons seraient moins grands s'il n'y avait
pas tant de gens pour les remplir.

Les infâmes exigent qu'on leur paye, en titres ou en argent, le prix de leurs infamies. Il serait trop fort, pensent-ils, que les honnêtes gens eussent tout ensemble les belles positions et la bonne réputation.

La gravité n'est pas de mise dans le monde; elle y devient très vite maussade ou ridicule. On a, d'ailleurs, peu souci de nos préoccupations. Soyons sérieux pour nous, soyons gais pour les autres.

Si vous avez le grand désir d'être aimable, vous plairez, qui que vous soyez et quoi que vous sachiez faire, à la condition d'être vous-même et de ne vouloir rien être de plus : ce qui ennuie, ce qui fatigue et déplaît, c'est l'affectation. A supposer même qu'on vous trouve un peu naïf ou un peu brusque, soyez sûr que, si vous êtes naturel, on ajoutera très vite : C'est égal, il est gentil comme cela.

Il y a d'étranges compensations dans ce monde : la sottise fait le malheur de tous ceux qui la subissent, et le bonheur de celui qui la possède.

Un mari d'humeur expansive, très épris, très émerveillé de sa femme, m'a dit un jour, en me mettant les deux mains sur les épaules, — c'est un de ses gestes familiers : « En vérité, mon ami, la nature, dans sa prodigalité, a fait des folies pour cette créature-là ! » Cette phrase, sur laquelle il avait beaucoup compté, m'a laissé froid. A qui la faute? Les maris enthousiastes ne devraient avoir de ces sortes d'élans qu'avec des gens de leur tempérament. Pour mon compte, je n'aime pas qu'on adore sa femme tout haut et qu'on l'appelle : « cette créature-là. »

Il n'y a pas d'homme moins sociable, dans sa famille comme dans le monde, que celui qui, entêté de lui-même et de son importance, ne tient compte que de la place qu'il occupe et de l'effet qu'il produit.

Hector est un grand entrepreneur, mais ce n'est pas de cela qu'il est fier; il a, en dehors de son métier, une valeur personnelle et croit en lui avec une foi aussi robuste que naïve. Il cultive les lettres et les arts, se dit musicien, joue du violoncelle et juge de très haut les œuvres des maîtres. Rien de ce qui vient des autres n'est comparable à ce qui est à lui ou de lui. Tous les hommages lui sont dus et il admet très bien qu'on le contemple; ceux qui sont sous sa dépendance s'y résignent. Il a pour flatterie perpétuelle l'infériorité des hommes qui l'entourent; il en vit et il en jouit. D'autres causent, lui pérore : il n'exprime pas une opinion, il dicte des lois, et telle est sa confiance en lui-même qu'il s'abandonne doucement à la manie d'enseigner à ceux qui les savent la plupart des choses qu'il ignore. Sa femme a toutes les vertus puisqu'elle est sa femme, et ses enfants ont toutes les facultés et tous les charmes puisqu'ils sont ses enfants. Si l'un d'eux a quelque défaut trop choquant pour qu'on le cache, son père le rattache emphatiquement à quelques circonstances qui font à lui et à l'enfant le plus grand honneur. Quant à la manière dont ce monsieur suprème prononce *moi,* il faut l'avoir entendue pour savoir tout ce qu'une intonation vibrante, pleine et sonore peut ajouter de poids et de puissance à la valeur d'un petit mot.

L'usage d'autoriser les jeunes fiancés à se voir un peu tous les jours, à la même heure et dans les mêmes conditions, afin qu'ils aient, dit-on, le loisir de se connaître, est un excellent moyen de les décider à s'unir : outre qu'il doit leur tarder d'en finir avec cette épreuve maussade, ils ont mis tant de soins à se déguiser, à se faire aimables et souriants, qu'ils n'ont pu recueillir, dans ces entretiens de convention, que des causes déterminantes.

Pour garder votre fierté au milieu des hommes, habituez-vous à dédaigner les difficultés d’argent; mettez votre orgueil au-dessus de vos besoins : si l’argent vous manque, dînez mal, ou, s’il le faut, ne dînez pas.

L’affabilité consiste à être bon avec politesse, et poli avec bonté; elle tient lieu de tout, et rien ne la remplace.

Les hommes qu’on aime à rencontrer dans le monde ne sont pas ceux avec lesquels on voudrait vivre dans l’intimité quotidienne : ils sont trop brillants pour être accommodants.

Un philosophe aussi distingué, aussi savant que modeste, bon et charmant parmi les meilleurs, m'écrivait un jour : « Notre temps voit s'agiter une troupe fiévreuse qui a inscrit sur son drapeau : « Parvenir très jeune. » Si cela signifiait mériter très jeune, il faudrait applaudir. Mais pas du tout : cela veut dire, le plus souvent, attraper les places, les traitements, les distinctions avant les autres, quels qu'ils soient, et par les voies les plus courtes. Le personnel de cette école constitue une espèce absolument féroce. Elle est sans justice, sans respect, sans pitié. Elle se sert de tout le monde contre tout le monde. Ces impatients sont d'autant plus coupables qu'ils ont de l'intelligence et savent qu'ils font mal ; d'autant plus dangereux qu'ils ont quelquefois du talent et qu'ils s'imposent. »

L'observation est pleine de justesse et saisissante d'à-propos; elle ne pèche que par excès de bienveillance : les ambitieux impatients sont rarement des hommes de valeur; ils suppléent au mérite par l'audace et par une confiance présomptueuse qui n'a pas de limites. Ils aspirent aux honneurs, ils briguent toutes les places, et regarderaient comme un enfantillage de s'être jamais interrogés sur leurs aptitudes ou leur compétence. Il s'agit pour eux de la place à prendre, du traitement à toucher, il ne s'agit pas des fonctions à remplir. Dites-leur que, pour occuper certaine position, ils seront tenus de parler japonais, et cet obstacle ne les arrêtera pas.

On le constate tous les jours un peu et dans toutes les classes de la société, les aspirations font place aux appétits; la jeunesse renonce à tendre les bras vers l'avenir; elle ne fonde plus d'espoir sur ses efforts et ses progrès : c'est le présent seul qui compte ; à lui de donner tout et tout de suite.

La rage que l'on a de faire de l'esprit est ce qui gâte tout : le naturel et la simplicité remplaceraient avec tant d'avantages ces contrefaçons et ces lumières d'emprunt qui ne brillent un instant que pour faire ressortir bientôt notre propre misère ! Et pourquoi, si nous avons de nous-même une opinion un peu haute, ne pas nous en tenir à cette forme de l'orgueil qu'on appelle modestie ?

Aucun défaut ne rend la vie intime difficile et les relations extérieures désagréables autant que la susceptibilité, ce mélange de prétentions et de sensibilité :

elle supprime la confiance et l'abandon;
elle fait de tout mot qui tombe une arme
qui blesse; elle s'alimente de défiance et
de soupçons. Poussée à l'extrème, elle
est presque toujours le signe de l'étroi-
tesse de l'esprit et même de la sécheresse
du cœur.

Un sot, lorsqu'il est occupé, se croit
seul de son espèce; personne ne saurait
avoir une idée de ses tourments, de ses
efforts, des difficultés qu'il surmonte et
des résultats qu'il obtient; lui seul est
fatigué, accablé, exténué. Il n'admet pas
que les autres travaillent : leurs affaires
ou les fonctions qu'ils remplissent sont
des niaiseries, ou quelque bague au doigt.

Ce qui cause l'embarras d'un homme

d'esprit en face d'un sot, c'est que d'ordinaire ce dernier ignore tout et qu'il prétend n'avoir rien à apprendre.

Si l'on avait quelqu'une de vos prouesses à raconter, monsieur le gentilhomme, on parlerait moins de vos ancêtres ; et vous, monsieur le millionnaire, si vous saviez combien de sots sont plus riches que vous, vous parleriez moins de votre fortune.

Donner de bonne foi des conseils à un sot, qui n'en demande pas, c'est admettre d'emblée qu'on a plus de jugement et d'esprit de conduite que lui, et cela doit lui sembler un peu impertinent. L'homme le mieux disposé à suivre un bon conseil est rarement celui qui en a le plus besoin.

Que de sottises les sots ne feraient pas s'ils savaient seulement distinguer leurs qualités de leurs défauts!

Les ouvrages dépourvus de naturel, de verve et d'agrément sont ceux où l'auteur n'a pas écrit une ligne sans se préoccuper d'y mettre de l'esprit. En s'efforçant d'être étincelant, il s'est rendu fastidieux.

Un auditeur qui donne des signes fréquents de satisfaction et qui varie de son mieux ses jeux de physionomie est d'ordinaire un sot qui, dans la crainte de passer pour un âne, écoute avec le plus vif intérêt des explications auxquelles il ne comprend absolument rien.

La calomnie fait souvent les affaires de l’hypocrite. Elle répand contre lui des bruits qui sont faux : il se révolte, indigné, pour prouver son innocence ; et comme la vérité serait beaucoup plus laide que ne l’est l’imposture, le bénéfice est deux fois pour le calomnié. « On a voulu me perdre avec des mensonges, se dit-il triomphant ; combien n’y serait-on pas parvenu plus sûrement si l’on avait dit la vérité ! »

Le grand art de la conversation dans un salon est de savoir rompre les chiens. Détourner l’attention trop vivement atti-

rée sur une personne, couper court à
une argumentation qui peut devenir bles-
sante, ou mettre fin brusquement à une
histoire qui menace de s'éterniser, cela
n'est pas toujours facile, mais cela est
souvent très nécessaire.

La foule est féroce et stupide ; quand
les hommes sont rassemblés, ils semblent
ne mettre en commun que leurs vices,
leur brutalité et leurs mauvais instincts.

Le bon sens et la perspicacité sont des
qualités qui coûtent cher : que de choses
dont on n'aurait point à souffrir si on ne
les apercevait pas ! Que d'hommes nous
laisseraientindifférents si nous les voyions

comme ils se présentent, au lieu de les voir comme ils sont !

Loin des grandes villes, le paysan salue le voyageur; il le prend volontiers pour un seigneur. Près des grandes villes et surtout près de Paris, il ne le salue pas : c’est un bourgeois.

Deux motifs s’opposent à ce que le mérite soit souvent récompensé; la grande foule ne le connaît pas ou ne s’en soucie guère, et parmi ceux qui sont capables de l’apprécier, il y a trop de gens intéressés à le nier ou à le ternir.

L’autorité, à quelque degré qu’on

l'exerce, ne devrait appartenir qu'aux hommes qui ont un peu de bon sens dans la tête et de charité dans le cœur. Lorsqu'il n'en est pas ainsi, elle devient, pour les humbles martyrs qui la subissent, un instrument d'injustices, de vexations et de petites tortures ; elle tourmente les uns, elle humilie les autres, et il est rare qu'elle se fasse obéir : elle ne produit guère que l'irritation et la haine. Ce ne sont pas les horreurs de la guerre qui rendent les soldats féroces, — ce sont les caporaux.

On se demande quel témoignage de sympathie prétendent donner ces mannequins qui n'offrent jamais que deux doigts de la main en serrant soigneusement le coude à la ceinture. Ce sont des maniaques, je le veux bien ; mais quelle étrange manie que celle qui consiste à

ne donner qu'une demi-poignée de main ?
Pourquoi pas la main tout entière ou
rien du tout ? La politesse peut avoir ses
formes ou ses nuances ; la sympathie ne
comporte ni réserves ni singeries ; elle est
ou elle n'est pas, elle veut dire aux gens :
vous me plaisez, tout comme l'antipathie
signifie : vous ne me plaisez pas. Si les
maniaques du sentiment n'ont pas même
la franchise du geste, ou s'ils n'éprouvent, pour ceux qu'ils rencontrent, ni estime ni affection, qu'ils mettent leurs
mains dans leurs poches, et qu'on n'en
parlo plus.

Gaston est un petit homme remuant,
insinuant, sec et frétillant, qui s'introduit
partout, se mêle de tout et met de son
esprit dans tout. Il est insipide et fâcheux
à l'égal d'un sot.

Son genre d'esprit, tout à la surface,

est très goûté du public ; il le répand à
profusion dans ses livres, dans ses con-
férences, dans la conversation, et d'autant plus facilement que la pensée, dans
ses discours, joue un rôle très secondaire :
il y a là des phrases bien tournées, qu'il
se plaît à entendre tomber en cadence ;
il y a des mots, de jolis mots qui sortent,
hardis et pimpants, comme d'une boîte
à surprise, pour faire passer des frissons
de joie dans le cœur de ces dames ; il y a
enfin, à chaque instant, d'adorables trou-
vailles comme lui seul en recèle dans ses
petits tiroirs, et tout cela est coquet,
gracieux et précieux au possible. Ne lui
demandez pas autre chose, c'est tout ce
qu'il peut : lorsqu'il touche à un sujet
élevé ou à un grand caractère, il le di-
minue.

Avant d'ouvrir la bouche, Gaston se
sourit à lui-même en se disant : « Heureux
public, qui va m'entendre ! » Les prépa-

ratifs auxquels il se livre, le regard bienveillant qu'il laisse tomber sur la foule
idolâtre signifient : « Préparez-vous, mes
amis, prêtez l'oreille et ouvrez votre esprit, je vais vous dire quelque chose de
très fin. » Et, en effet, ce qu'il dit est très
fin, ça l'est même trop à la longue, car
les bulles de savon crèvent aussitôt
qu'elles paraissent, et comme elles se
ressemblent toutes, quand on en a vu briller
quelques-unes, on en a très vite assez.
Peu à peu le mal de cœur vous gagne,
et l'on s'évanouit en murmurant : « Mon
Dieu, que c'est joli ! »

En résumé, cet homme d'esprit est un
robinet dont l'eau tiède, ou trop sucrée,
ou légèrement acidulée, ne rafraîchit, ne
désaltère et ne réconforte personne.
Gaston fait aussi de la philosophie à
l'usage des dames, et ses moyens de con-
viction exercent une puissance magique
sur les âmes sensibles. Que de frémisse-

ments dans l'auditoire lorsqu'il se répand en indulgences pour les faiblesses de ce monde, en tendresses pour les chères créatures de Dieu! Et tout cela est dit dans un langage édulcoré, doucereux et câlin qui sent à ravir la pommade au benjoin.

Non moins irritant lorsqu'il s'agite que lorsqu'il parle, il va, vient, sort, rentre, selon sa fantaisie, et dans toutes les maisons où il passe, c'est par lui que se font la pluie et le beau temps. Partout, il est le meneur et l'entraîneur; c'est lui qui accapare, qui domine et qui décide, quelles que soient les circonstances ou les obstacles. S'il était membre d'une académie, c'est lui qui ferait les élections.

Le vantard est un enfant gâté pour qui la Providence a tous les jours quelques faveurs nouvelles. A la chasse, si une compagnie de perdreaux se lève à son approche, il est rare que deux coups de fusil, comme il sait les tirer, ne fassent pas une demi-douzaine de victimes; et lorsqu'il pêche, sa ligne miraculeuse, sans fouiller longtemps la rivière, rapporte toujours quelque poisson dont les dimensions étaient jusque-là demeurées inconnues.

Quand vous verrez ensemble deux hommes de valeurs très différentes, l'un stupide et l'autre intelligent, vous pourrez gager à coup sûr que celui qui parle toujours c'est l'imbécile. Il n'a rien d'intéressant à dire, mais ses petites affaires remplissent sa vie, et il faut qu'il en parle.

Dans la jeunesse, nous ne sommes pas

délicats pour les choses de l'esprit autant
que pour celles du cœur : les idées vulgaires nous choquent moins que les sentiments bas. Il en va tout autrement
lorsqu'on avance en âge : à force de les
voir, on s'habitue aux erreurs et aux fautes
de ses semblables, et le pardon devient
facile ; les inimitiés s'effacent à mesure
que l'esprit se développe, l'horizon de la
compassion s'élargit. La chose à laquelle
on ne s'habitue pas, celle, au contraire,
qui froisse, qui révolte même quelquefois,
c'est la sottise : elle nous trouve tous les
jours un peu plus sensibles, et, par là, un
peu moins tolérants. Si, d'un côté, l'indulgence a grandi, de l'autre, le goût
s'est épuré et nous a rendus exigeants.

Les beaux habits couvrent les sots :
pourquoi ne les cachent-ils pas ?

Je ne rencontre jamais un de ces êtres que la sottise a mis en contemplation devant eux-mêmes sans être pris de l'envie de lui rire au nez. Ce serait inconvenant sans doute, mais ce serait si bon ! Rire par réflexion, à distance, quand l'impression a vieilli, ce n'est plus rire, c'est sourire ; ce n'est plus sentir, c'est méditer ; c'est perdre tout ce que le rire a de spontané et de bienfaisant.

Je parle de rire au nez des gens, et cependant je suis de ceux qui réclament l'indulgence pour les déshérités : infirmes de l'esprit ou du corps, ils ont également droit à notre pitié. Le peu de verve moqueuse qu'il y a en moi ne se manifeste qu'en face d'une seule espèce d'hommes, celle qui a toute l'instruction, toute l'intelligence nécessaire pour comprendre et savoir, pour admirer avec fruit, et qui s'est mise naïvement ou volontairement à n'admirer qu'elle-même. Là, je l'avoue, ma charité fait défaut; je ris, je ne puis m'en défendre, et parfois même je m'irrite.

Il en est des maladies de l'esprit comme de celles du corps ; elles n'inspirent pas toutes les mêmes répulsions : la pitié s'éveille plus volontiers pour les malades ou les blessés, victimes de leurs efforts ou de leur courage, que pour ceux dont les excès ont engendré les souffrances. Un sentiment analogue nous rend plus traitables pour les ignorants que pour les pédants, pour les bêtes que pour les sots. Il faut le dire aussi, les ignorants et les pauvres d'esprit ont sur les sots un avantage considérable : ils gardent le silence, ils ne gênent personne. On supporte plus patiemment les malades qui se taisent et les plaies qui se cachent.

Ceux qui parlent de tout le bien qu'ils feraient s'ils étaient riches sont des sots qui ne savent pas ce qu'ils disent; ils voudraient être riches, voilà tout. Ils ignorent que, pour faire le bien à propos et de la bonne manière, que pour tenir sa maison avec honneur et dignité, que pour administrer une grande fortune et savoir jouir des plaisirs qu'elle procure, il faut avoir de la bonté, du tact, du discernement, du goût et d'autres qualités encore que l'argent ne leur donnerait pas.

On ne peut se défendre de sourire en voyant la naïve confiance avec laquelle un sot prend les gens qu'il rencontre pour des imbéciles et des ignorants.

Otez l'amour-propre à beaucoup de gens, et vous en ferez de bien pauvres sujets : c'est l'amour-propre qui met en relief et qui tient en éveil leurs toutes petites vertus.

Si les devoirs de famille ou les exigences de la société vous obligent, un jour de fête, à avoir un sot à votre table, tâchez d'en avoir deux; vous les mettrez en présence, ils vous divertiront peut-être par leurs mutuelles prétentions, et, en tout cas, l'un vous débarrassera de l'autre.

Les sots sont insupportables, moins parce qu'ils manquent d'esprit, que parce qu'ils prétendent en avoir. Ils ont parfois du savoir ou du talent, mais le jugement fait toujours défaut.

Il suffirait, pour prendre la raillerie en horreur, de l'avoir vu pratiquer par des sots.

On s'étonne des fautes que font commettre aux hommes assemblés les meneurs et les discoureurs politiques. — Rien cependant n'est plus naturel : que veut-on que produise de sain et d'utile la mauvaise foi s'adressant impudemment, pour l'entraîner et la convaincre, à l'ignorance ou à la sotte crédulité ?

L'espèce la plus irritante, parmi les sots, est celle des malins. On leur préfère les fanfarons : ils amusent quelquefois.

Deux sortes de sots ont, par leur forme et leur aspect, un caractère égayant : les très grands et les très petits.

Il n'est pas commode d'être très grand. Grâce à leur noblesse native, à l'élégance de leur tournure, quelques-uns semblent d'autant plus distingués qu'ils sont plus grands; mais tel n'est pas le cas général, et l'embarras subsiste pour tous les autres : ces grands bras, ces grandes jambes et ce grand corps au sommet duquel s'implante une petite tête ne sont pas faciles à porter. Les hommes de bon sens se tirent d'affaire en riant eux-mêmes des excès de la nature et en mettant leurs soins à n'être pas trop encombrants. Les autres, plus mal avisés, sont fiers de leurs dimensions : ils font les tambours-majors, ils débitent d'une voix de stentor des niaiseries d'autant plus niaises qu'elles tombent du haut de ce grand corps, et ils deviennent grotesques pour le reste de leurs jours.

Les hommes petits, lorsqu'ils n'appartiennent pas à l'aimable espèce des petits pots où se trouvent les bons onguents, sont en perpétuelle révolte contre leur taille, qu'ils s'efforcent de grandir en redressant leur torse, en portant haut la tête, en faisant tout ce qu'il faut pour être plus grotesques encore que leurs confrères les grands sots. S'imaginant qu'ils ont, comme les bossus, le privilège de l'esprit, ils dépensent, pour le prouver, des cris, des gestes, des gros mots, et lancent contre le prochain les plus fines épigrammes. Ils rappellent les roquets qui aboient contre les dogues, et la grenouille qui veut être aussi grosse que le bœuf. En constatant ces efforts stériles, un sauvage se demanderait ce que veulent ces avor-

tons. Il s'égayerait surtout de les voir,
lorsqu'ils entrent dans un salon, se précipiter vers la maîtresse de la maison,
pour placer au plus vite, comme mot
d'entrée, le compliment ou la boutade
qu'ils ont préparée dans l'escalier. Quand
ils auront montré à quel point ils sont
spirituels, on ne songera plus, pensent-
ils, à les trouver trop petits.

La sottise doublée d'impudence se rencontre le plus souvent chez ces petits
messieurs qui portent le nom d'un homme
distingué ; on dirait qu'ils s'attribuent
l'esprit et les travaux de leur père ; il ne
leur manque, pour être lui tout à fait,
que d'avoir sa modestie. Cette manie
s'étend parfois très loin : on m'a parlé
d'un commis de nouveautés qui s'appelle
Mirabeau; les gens de son entourage sont

tenus à distance, et il ne dissimule pas même sa supériorité à son chef de rayon.

Il y a des maisons faites exprès pour le triomphe des sots. La petite société où ils règnent en maîtres s'est habituée à les écouter, à les croire, à les admirer, et elle s'en trouve très bien. N'essayez pas, nouveau venu, d'insinuer que ces messieurs sont réellement des sots et qu'on s'est trompé jusque-là sur leur compte. Le sot, ce serait vous ; on hausserait les épaules, et il ne serait pas impossible qu'on profitât de la transition pour vous mettre à la porte.

Ces bavards qui parlent sans cesse d'eux-mêmes, pour dire très longuement

les choses les plus simples et les plus in-
signifiantes, semblent avoir pris leur parti
sur le peu d'attention qu'on leur prête :
ils vont toujours. Je suppose qu'ils sont
heureux de s'entendre plus encore que
d'être écoutés.

La simplicité, aux yeux d'un sot, doit
être le comble de la sottise.

Les esprits les plus bienveillants blessent
souvent les sots, parce qu'il est très difficile au bon sens de savoir par quels côtés
la sottise est sensible.

La vanité est une intrigante, une petite
effrontée qui se mêle de tout, pénètre

partout et laisse une trace de son passage sur les meilleures choses.

Le monde tourne le dos au malheur; il n'aime ni les gémissements ni les grimaces. Le jour où vous serez frappé, cessez de vous présenter devant lui, il ne vous reconnaîtrait pas.

Un musée est le lieu où l'on voit le plus de jolies choses et où l'on entend le plus d'énormités.

On abuse un peu, dans la conversation, de cette qualité, si éminemment française dit-on, qui s'appelle la présence d'esprit : elle pousse les gens à répliquer trop vite, et c'est ainsi que les bons mots tournent souvent en sottises.

A qui veut se faire une idée exacte
d'un salon à la mode, il suffit de constater
qu'un fat, bien pourvu de prétentions,
d'hypocrisie, d'audace et de routine mondaine, obtient tous les suffrages, tandis
qu'un brave garçon, intelligent et capable, y passe très aisément pour un maladroit. « Ce n'est pas tout dans le monde
que d'être un imbécile », dit un person-
nage de Scribe, « il faut de la tenue. »

Rien n'est plus funeste à l'homme qui
n'a ni rang ni fortune que la fréquentation
quotidienne des salons. Non seulement le
temps qu'il consacre au monde est perdu
pour le travail, mais les habitudes de
bavardage et d'oisiveté, qu'il contracte
dans ce milieu de petitesses mondaines,

l'éloignent tous les jours un peu plus de la vie sérieuse et de l'étude. En dehors de ses occupations ordinaires, il n'a que tout juste le temps de faire sa toilette et ses visites; il ne lit que les journaux, ne s'intéresse qu'aux choses vaines et n'apprend rien d'utile. Tout s'en va, tout dépérit et s'efface dans ce cœur et dans cette pauvre cervelle; ce n'est plus un être qui réfléchit, c'est un mannequin qui s'agite. Il dépense son argent en bouquets, son esprit en quolibets, et sa vie s'écoule dans le vide, hors de chez lui, loin de sa lampe et de ses livres, sans qu'il ait fait un effort pour savoir quelque chose ou améliorer sa position.

On me répond que le monde aide les jeunes gens à parvenir; qu'il les pousse, qu'il leur donne, en échange de leurs bonnes grâces, des places et des honneurs. Je ne dis pas non, je n'en sais rien; mais parvenir sans l'avoir mérité, par la

faveur ou par l'intrigue, c'est avilir son
caractère, et certes, ce n'est pas là ce qui
m'empêchera de soutenir que les salons
sont funestes à l'homme qui a besoin,
pour vivre, de son travail et de sa persévérance.

Ceux qui attendent de nous des éloges
oublient qu'ils nous exposent à ne contenter personne : nous n'en dirons jamais
assez pour leur plaire, et nous aurons
contre nous tous ceux à qui nos éloges
ne s'adresseront pas.

Les riches de naissance sont habitués
à dépenser, à donner ; c'est pour eux un
devoir et une tradition. Toute autre est la
situation des enrichis, qui, pour s'enrichir,
ont passé la plus grande partie de leur

13

vie à gagner, à recevoir, à amasser,
parfois même à extorquer : lorsque le
moment arrive de donner à leur tour, il
est bien tard peut-être pour prendre de
nouvelles habitudes.

On tend tous les jours davantage à
n'avoir plus ni amour pour ce qu'on a
ni passion pour ce qu'on fait : c'est le
métier des autres qu'on veut faire, c'est à
la position des autres qu'on aspire, et
l'on ne vit que de prétentions.

Cherchez et vous trouverez, dit le proverbe. C'est vrai peut-être de beaucoup
de choses, cela ne l'est certainement pas
de l'esprit.

Étant donnés les progrès de la science
et de la philosophie, on peut compter sur
la guérison d'un grand nombre de maladies physiques et morales; une seule restera incurable, la sottise. Schiller le pensait ainsi : «Contre la sottise, les dieux
eux-mêmes luttent inutilement. »

Il existe, parmi nous, des méchants,
des grossiers et des coquins, cela n'est
pas contestable; mais avec de la prudence, en ne livrant rien à l'aventure, on
parvient le plus souvent à leur échapper.
Il n'en va pas ainsi pour les sots : on les
trouve partout et toujours, sous les
formes les plus variées, et il faut inévita-
blement les subir; parfois même, — dure

contrainte, — il faut aussi leur sourire.
Ils peuvent être très nobles, très riches,
très haut placés et même très vénérables ;
il y en a dans toutes les rues, dans tous
les théâtres, dans tous les cercles, dans
tous les salons, dans toutes les académies
et dans toutes les assemblées, même déli-
bérantes ; il y en a parmi vos amis et
dans votre famille, et, par conséquent,
vous n'êtes pas maître d'empêcher qu'il
n'y en ait chez vous. Le sot est un ennemi qui, à toute heure et en tout lieu, vous
traque, vous persécute, vous harcèle et
vous torture, et il se nomme légion.

On n'évite pas les sots ; heureux sont
ceux qui peuvent ne pas les entendre ! Le
Sage, qui prenait gaiement sa surdité,
disait en tirant son cornet de sa poche :
« Voilà mon bienfaiteur et mon sauveur.

Je vais dans une maison, j'y trouve des visages nouveaux, j'espère qu'il s'y rencontrera quelques gens d'esprit, je fais usage de mon cher cornet. Je vois que ce ne sont que des sots, aussitôt je le resserre en disant : Je vous défie de m'ennuyer.»

NOTES

ET

IMPRESSIONS

IMER! quel abus on a fait de ce mot! Que de méprises il a causées! La plupart de ceux qui parlent d'amour, même à la jeune fille qu'ils veulent épouser, ne savent pas de quoi ils parlent. Ils sont dans un accès de fièvre ou dans un éblouissement. Chercher à plaire à une personne qui nous attire par sa beauté, c'est désirer, ce n'est pas aimer.

On a voulu, pour constituer l'amour, qu'il suffise de deux brutes qui s'accouplent et d'une idée qui s'interpose : on n'a pas demandé son nom à cette idée; elle peut s'appeler vanité, convoitise, cupidité ou simplement caprice.

La timidité paralyse tout, les manifestations de l'esprit aussi bien que les épanchements du cœur : les timides peuvent quelquefois, voudraient souvent et n'osent presque jamais.

La paix et l'ordre ne seraient guère troublés si le pays n'était la proie des ambitieux : l'intérêt public n'exige ni brusques changements ni violentes secousses; il n'a besoin que de progrès.

Pourquoi, quand les reproches sont nécessaires, ne pas leur donner, comme adoucissement, la forme de conseil? On ne rend pas souvent les hommes meilleurs en leur reprochant durement les défauts qu'ils ont; il est plus sûr, en général, de leur prêter les vertus qui leur manquent; c'est une sorte de mise en demeure d'avoir à se les procurer.

Celui qui souffre de ses propres souffrances n'est pas le plus à plaindre : le cruel supplice est de souffrir dans les autres. Torture du pauvre, qui doit faire partager sa misère à tous les siens. S'il était seul à avoir faim, il lutterait ou se résignerait; mais sa mère, sa femme, ses

enfants ont faim aussi, et c'est le comble
de l'horrible.

Plus on a, plus on veut avoir, de même
plus on sait, plus on veut savoir : les
désirs se suivent et s'enchaînent dans le
cœur comme les idées dans l'esprit.

L'égoïsme des bienfaiteurs consiste à
aimer ceux auxquels ils font du bien.

Que d'indifférents on étonnerait en
leur disant que l'homme qui a beaucoup
souffert emprunte à ses souffrances
mêmes des émotions inconnues des heureux et qui ne sont pas sans douceur.

La liberté est surtout précieuse par
l'idée qu'on s'en fait : on aime à savoir
qu'on n'est pas esclave, qu'on peut faire
ses volontés, obéir à ses goûts, suivre ses
inspirations sans lutte et sans entraves.
On reste volontairement enfermé de
longs jours dans sa chambre sans éprouver ni gêne ni ennui, et l'on regarderait
comme une souffrance l'obligation d'y
être retenu vingt-quatre heures malgré
soi. Ce qu'on veut, c'est savoir que l'on
est libre. On adore la liberté comme faculté plus encore que comme usage.

La pénétration a le tort de mettre trop
de choses en lumière : il y a des illusions
généreuses qu'on aimerait à garder.

Aussi, ce don n'est-il un bien enviable que s'il est allié à une grande indulgence. La vie au milieu du monde serait trop dure, pour soi-même comme pour les autres, si le cœur et l'esprit ne s'entendaient tous les deux pour taire et pardonner.

On exalte les traits d'héroïsme qui n'ont exigé parfois qu'une heure d'efforts et de sacrifices : on ne sait pas ce qu'il en coûte à quelques-uns pour accomplir dignement tous les jours leur tâche obscure ou douloureuse.

Le goût est chose si rare que la plupart des hommes de talent n'en ont que tout juste ce qu'il faut pour mettre leur talent en valeur.

Démonstrations et protestations ne sont pas signes d'affection; ce qu'elles sont presque toujours, c'est maladroites et menteuses. Les grands mots dans certaines bouches ne semblent destinés à peindre que les petits sentiments. Ceux qui aiment ne le disent pas; ceux qu'on aime le voient bien.

Les lois pénales ont des lacunes; la société, pour les combler, a recours au mépris.

Rien ne témoigne de la bassesse de l'âme autant que l'ingratitude : il y a des monstres, parmi les ingrats, qui semblent se venger du bien qu'on leur a fait.

L'homme qui travaille le plus est aussi celui auquel il reste le plus de temps : l'habitude qu'il a prise de distribuer les heures et de n'en perdre aucune lui laisse toujours des loisirs.

Quand je songe à ce que gagnent les conseils à être bien présentés, les reproches à être faits avec douceur, les bonnes actions elles-mêmes à être accompagnées d'un sourire ou d'un mouvement discret, je me rappelle toujours le mot de saint Augustin : « Il y a une miséricorde qui punit et une cruauté qui épargne. »

Des gens d'esprit, on en trouve encore

et même un peu partout; ce qui manque,
ce sont les caractères.

L'indulgence est presque toujours en
rapport direct avec l'intelligence : pour
savoir pardonner, il faut avoir compris.

Il est bien triste de penser qu'un des
moyens les plus sûrs de n'avoir pas
d'ennemis, c'est de ne dire la vérité sur
rien ni sur personne.

L'économie, l'ordre, la régularité et
l'exactitude, toutes les modestes qualités
qui président piteusement à la vie de certains riches, les méchantes langues les ré-

sument d'un mot : avarice. — Ceux qui ont beaucoup d'argent peuvent n'avoir qu'une vertu, mais celle-là est absolument nécessaire : elle se nomme générosité.

On seconde ses amis parce qu'on les aime, mais aussi et surtout parce qu'on veut les aimer encore plus.

Les artistes ne parlent volontiers des lacunes de leur propre talent que pour avoir le droit de se mettre à l'aise avec les imperfections du talent des autres. On consent à n'être pas un grand peintre, mais on prend sa revanche en se montrant fin critique et habile connaisseur.

S'il était vrai qu'on peut tout ce qu'on

veut, on serait bien près de la perfection en ne voulant que ce qui est juste.

La résistance, la révolte, au besoin, telle est l’hygiène de l’âme : ne se laisser abattre ni par les événements ni par la douleur; se heurter volontairement contre les réalités, même les plus brutales, et saisir toutes les occasions qui se présentent de prendre mesure à son courage.

A quel genre de préoccupations obéissent-ils les poètes qui crient vers le ciel : *Pourquoi la mort?* On comprendrait qu’ils disent : *Pourquoi la vie?* puisque tant de gens, plus ou moins sincères, maudissent l’existence. Mais demander que la mort soit bannie de la terre, c’est demander qu’il n’y ait plus ni renouvellement, ni succession, ni amour, ni efforts, ni progrès, ni grandeur, ni plus rien de ce qui est bon, généreux, ardent; c'est vouloir l'immobilité, le desséchement, l'éternel ennui; c'est sacrifier l'espèce sans faire le bonheur de l'individu. Ah! si l'homme ne devait pas mourir, il faudrait lui donner des conditions d'existence que j'ignore; car tel que je le connais, avec ses lassitudes et ses défaillances, sans espérance et sans souvenir, il subirait bien durement les tortures de l'immortalité. Continuer incessamment à vivre et se dire que c'est pour toujours! Il n'y a rien de comparable à cette idée dans les épouvantements de l'agonie.

Tout ce que la vie a de bon, les enivrements de la jeunesse, l'amour paternel et l'amour filial, la lutte, le travail, les dangers affrontés, les succès obtenus et le témoignage de la conscience, — c'est à la mort qu'elle le doit.

La plupart des hommes vulgaires ont pour celui qui les méprise un respect instinctif : ils semblent comprendre qu'on voit juste.

Il y a d'autres couronnes que celle du martyre. On peut vivre ici-bas dans les joies de la famille et de la bienfaisance, dans la modération et la gaieté, dans l'amour de l'étude et la contemplation de la nature, sans être la proie du démon; on peut aller au ciel en allant au bonheur.

Taisez-vous sur vos actions ou sur vos œuvres, c'est toujours le plus prudent; mais ne poussez pas la modestie jusqu'à vous critiquer vous-même, — on vous prendrait au mot.

Lorsqu'un homme bon et dévoué s'est décidé à nous reprocher nos erreurs et nos faiblesses, nous savons qu'il a dit vrai, mais savons-nous s'il a tout dit? Peut-être sa charité a-t-elle été plus grande que sa sincérité; peut-être qu'en voulant nous être utile, il a craint d'être cruel.

Il faut avoir beaucoup vu et beaucoup réfléchi pour perdre l'habitude de l'affirmation. L'expérience seule nous apprend combien d'erreurs sont possibles, de combien de mirages, d'illusions ou de fausses apparences nous pouvons être le jouet. Avoir toujours raison et ne douter jamais de rien sont deux points par où les enfants ont quelque ressemblance avec les sots.

Agir en son nom et penser pour son compte, n'être tenu d'endosser les sottises de personne, voilà, pour l'esprit, le rêve de la liberté.

Puisque les conseils ne coûtent rien, sachons au moins les donner de bonne grâce; ils n'ont pas besoin, comme les médecines, d'être désagréables pour être salutaires.

Quand nous sommes en état de comprendre tout ce que nous devons à notre mère, il est presque toujours trop tard pour la remercier comme il le faudrait.

Demanderions-nous souvent conseil si

nous n'espérions pas voir incliner le conseilleur du côté où nous penchons?

Croire au bien en entrant dans la vie, et y croire fermement le plus longtemps possible, telle est la principale condition de bonheur ; elle nous entretient dans le respect de nos semblables et contribue à notre propre perfectionnement.

Le rang, les titres, la fortune et les honneurs sont et resteront choses vaines pour la valeur de l'homme : nous ne sommes rien que par le cœur et par l'intelligence. Les grands génies et les grandes âmes sont au-dessus de tous les rois.

Vouloir paraître et ne vouloir pas dé-

penser, voilà le supplice de beaucoup
d'enrichis; l'ostentation et l'avarice sont
en lutte perpétuelle dans leur cœur.
Aussi, lorsqu'ils se donnent la satisfaction d'éblouir le prochain, ont-ils grand
besoin que la joie soit en proportion de
la dépense! A chaque éloge qu'ils reçoi-
vent correspond un soupir qui signifie :
cela me coûte assez cher!

Notre philosophie est grande dans les
malheurs dont nous parlons; elle est
moindre dans ceux que nous éprouvons.

La religion nous commande de pardonner à ceux qui nous ont offensés; là
n'est pas le sublime effort : c'est à ceux
que nous avons offensés que nous ne pardonnons pas aisément. « Qui vous a des-

servi ne vous le pardonnera jamais, » dit très bien le proverbe écossais.

Les livres spéciaux qui s'adressent aux enfants se font inutilement plus naïfs que leurs lecteurs. A quoi bon tant se rapetisser pour parler à de jeunes esprits beaucoup plus sagaces qu'on ne le suppose, et qui ne demandent qu'à grandir? On fait d'inutiles efforts pour descendre jusqu'à eux, tandis qu'il faudrait les exciter à se hausser jusqu'à nous. Les tournures enfantines et le vocabulaire spécial sont de trop ; ils comprendraient sans cela. Leur petite raison, bien dirigée, n'a nullement besoin qu'on la prenne en pitié. Soyez simple, clair, logique, saisissant à l'occasion, et n'ayez point d'inquiétude, les enfants vous comprendront.

Jour heureux pour les pauvres et les petits, celui où les riches et les puissants auront compris tout ce que la bonne grâce peut ajouter au bienfait !

Beaucoup de gens vertueux ne sont pas assez autre chose : moins exclusifs, ils seraient moins importants, et certainement ils y gagneraient. Un peu d'agrément ne messied pas à la vertu.

L'amitié marche d'un pas égal, sans courir ni s'arrêter ; aussi elle va et dure toujours. C'est à la précipitation de sa course que l'amour doit de se fatiguer vite et de s'épuiser bientôt.

Que sert de gémir ? A supposer, —

hypothèse toute gratuite, — qu'on excitât la commisération de ses semblables, le profit serait médiocre. Rien de plus fréquent que la plainte, et rien pourtant qui rapporte moins.

Si vous dites en vingt lignes ce qu'on peut exprimer en dix, vous pensez juste peut-être, mais vous écrivez mal.

Faire le bien est un plaisir, et le plus grand de tous ; plaignons ceux qui ne l'ont pas éprouvé. Mais ce qui est difficile, ce que peuvent ceux-là seuls dont l'âme est forte et généreuse, c'est de souffrir le mal : la plus grande preuve de bonté est le pardon. Heureux, trois fois heureux l'homme qui connaît la joie de l'injure pardonnée. Quand le fils d'Haroun-al-

Raschid vint demander vengeance contre l’homme qui avait calomnié sa mère, Haroun lui répondit : « Tu vas faire plus de tort à ta mère que le calomniateur, en laissant croire qu’elle ne t’a point appris à pardonner. »

On nous dit qu’il vaut mieux pécher par trop de prévoyance que par trop de sécurité. J’en conviens, mais quel dommage ! Il est si bon de se fier et de se confier ! Comment suspecter ses amis sans se dire qu’on leur fait une secrète injure ? Et si nous doutons des autres, les autres à leur tour ne douteront-ils pas de nous ?

Pour qui aime les illusions et les rêves, le prestige de l’absence embellit bien des images.

Il y a pour les jeunes gens deux sortes très distinctes de plaisirs : ceux qui coûtent et ceux qui rapportent. Avec les premiers, on s'amuse, honnêtement ou non, en dépensant son temps, son argent, sa santé quelquefois, sans profit pour personne, et surtout sans lendemain ; avec les seconds, on s'amuse aussi, et honnêtement à coup sûr, sans perdre ni son temps ni son argent, et sans rien compromettre pour l'avenir. Les uns se composent de repas, de bals, de jeu et de quelques excès ; les autres nous offrent la lecture, la peinture, la musique, les voyages, l'herborisation et les musées. L'avantage très marqué des derniers sur les premiers, c'est qu'ils ne vident pas notre bourse et qu'ils enrichissent à la fois notre cœur et notre esprit.

La misère, au début de la vie, est souvent un danger : elle peut entraîner dans de tristes voies les âmes qui ne sont pas trempées pour la résistance. La médiocrité est, au contraire, un des points de départ les plus sûrs : elle ne crie pas famine, elle retient sur la pente du vice et sert d'éperon au talent.

Un seul homme peut-être est heureux (je veux dire tranquille), à l'abri de l'envie et de la convoitise, sans haine et sans colère, au-dessus des tentations et des vanités d'ici-bas; c'est celui qui aime sa pauvreté.

Les malades ont le regard perçant. Que

d’observations et de réflexions nous n’aurions jamais faites si nous n’avions pas été retenus à la chambre pendant de longs jours de souffrance! L’isolement de la pensée, l’éloignement de l’action et du monde, l’oubli de nos affaires, la suspension de la vie matérielle, une sorte d’abstraction de l’être, tout concourt à donner aux sens une délicatesse, à l’esprit une clairvoyance, qui font apparaître devant nous, sous une forme quasi nouvelle, les hommes et les choses. La pensée se concentre et s’obstine, le regard se fixe, pénétrant et scrutateur, et tout ce qui nous avait échappé jusque-là se découvre ou s’explique. C’est sur le lit de la douleur et dans le fauteuil de la convalescence que l’homme acquiert sa plus grande finesse de pénétration.

L’ambitieux qui, pour devenir quelque

chose, sacrifie jusqu'à sa dignité, obtient rarement ce qu'il désire, et se trouve, en fin de compte, n'être plus l'homme honorable d'autrefois.

Nous ne nous possédons pas nous-mêmes tant qu'à la domination du désir, de la passion, de l'intérèt, la raison n'a pas opposé le contrepoids de la justice.

A ces gens toujours inquiets de la récompense qui les attend, je préfère de beaucoup ceux qui, obéissant à leur bon naturel, gagnent le paradis sans le savoir.

Une des grandes habiletés des gens habiles est de cacher les motifs qui les font agir ou les sentiments auxquels ils obéissent. Ce qu'on voit le moins en eux, comme dans certaines machines, c'est le moteur.

On entend quelquefois vanter le bonheur de l'indifférent : « Si les grandes joies lui sont refusées, au moins, dit-on, il ne souffre pas. »

Stérilité de l'esprit et sécheresse du cœur, absence de sympathie pour les autres, de compassion pour ceux qui souffrent, oubli ou dédain des grands intérêts de la vie, — voilà de quoi se compose ce prétendu bonheur. A qui faut-il dire que nos efforts, nos recherches, nos émotions, nos tourments et nos luttes valent mieux que tout cela ?

Quelle tristesse que le remords ! —

Pourquoi faut-il que le souvenir serve à perpétuer autre chose que ce qui est beau et bon !

Dévots, qui voulez plaire à Dieu et mériter le ciel, songez surtout à être bons. Si vous n'étiez occupés que de vivre tranquilles, et de vous assurer, par l'obéissance, la béatitude éternelle, on pourrait trouver que vous calculez trop bien. C'est de dévouement et de charité que se compose la vraie religion. « Mangez un bœuf et soyez chrétiens, » disait un célèbre orateur à ceux qui croyaient que tout était dit lorsqu'ils avaient fait maigre ; et saint François de Sales répondit aux religieuses qui lui demandaient la permission d'aller nu-pieds : « Changez votre tête et gardez vos souliers. »

Il n'est pas sans intérêt de constater à

quel point les gens et les choses qui nous entourent exercent peu à peu sur nous leur influence. On prend l'air, le ton, le langage, les habitudes de ceux avec lesquels on vit; on prend même leur figure. Les sacristies laissent des traces sur les faces benoîtes et sournoises de ceux qui les hantent quotidiennement, les coiffeurs sont des poupées, et les charcutiers, dans leur commerce familier avec les bêtes qu'ils égorgent, finissent par ressembler à leurs victimes.

Ne sachez rien ou ne sachez pas à demi ; les petites lumières éblouissent et n'éclairent pas ; elles ne semblent briller un instant et sur un point que pour rendre l'ombre plus épaisse.

Ce qui fait le charme de la vie, c'est l'inconnu. Que sera demain et que nous apportera-t-il ? Si nous savions tout ce qui nous attend, les plaisirs nous laisseraient froids et les chagrins nous feraient peur.

Les personnes qui parlent de la résolution, du courage qu'il leur a fallu pour rompre une liaison de cœur oublient de dire qu'elles n'aimaient plus ou qu'elles n'avaient jamais aimé.

Ceux qui nous plaignent parce que nous ne sommes pas riches sont beaucoup trop bons ; s'ils savaient de combien de jouissances sont remplis les jours du travailleur et du penseur, ils garderaient pour eux-mêmes leur pitié.

L'amour-propre n'est pas ingrat : il vous sait gré de toutes vos caresses, et vous accorde, en échange, beaucoup d'esprit.

Pourquoi toujours des cariatides ? Qu'est-ce que ce contresens qui courbe tyranniquement l'humanité ? — Que les arbres soient devenus des colonnes, c'est très juste : les bâtiments au début ont été faits de bâtons. Mais que des hommes et des femmes portent des maisons ou seulement des balcons, c'est choquant pour l'esprit, et, comme image, c'est avilissant. L'idée de l'esclavage est une de celles dont on aimerait à ne retrouver aucune trace ni dans les fictions ni sur les monuments. L'histoire des Cariates et de leur châtiment est assez ancienne pour qu'au nom de la raison et de la liberté on renonce une bonne fois à en perpétuer le souvenir.

Paradoxe ! hérésie ! s'écrieront les artistes. Puis, ces amants de la forme me renverront au Pandroseum, un chef-d'œuvre de grâce, et comme je n'aurai pas l'autorité suffisante pour leur répondre que des canéphores ne sont point des cariatides, il ne restera plus que des philosophes pour partager mon opinion.

Si les hommes ne souffraient que des souffrances dont ils se plaignent, la plupart seraient heureux : les grands chagrins sont au fond du cœur, et de ceux-là on ne parle pas.

Les gens les plus susceptibles sont

d’ordinaire les moins soucieux de la susceptibilité des autres.

Les flatteurs devraient avoir assez de finesse pour distinguer les âmes honnêtes auxquelles il ne faut pas s’adresser ; celles-là n’acceptent que les louanges qu’elles se sont données dans leur propre cœur ; elles n’ont pour le reste que du mépris.

L’irrésolu ne prend un parti que lorsqu’il a trouvé lui-même les raisons déterminantes ; celles qu’on lui donnerait, fussent-elles cent fois meilleures, ne le décideraient pas.

Il y a, parmi nous, quelques âmes

d'élite dont il ne faut rien dire ou ne parler qu'avec respect. Honte à qui ne les apprécie pas ! Élever la voix contre elles serait l'élever contre soi-même.

Sous un ciel bleu, dans une riante campagne où tout respire la joie, l'amour et la fraternité, des hommes en foule qui ne s'étaient jamais vus, qui se seraient aimés peut-être, ont surgi tout à coup, et, sur un signe de leurs chefs, se sont élancés sans colère les uns contre les autres pour donner la mort ou pour la recevoir : c'était la guerre. Et ces hommes qui s'entre-tuaient ainsi comme des bêtes sauvages étaient les mêmes qui, quelques jours auparavant, parlaient de force morale et de civilisation.

Les animaux et les petits enfants ne

souffrent que de leurs maladies ; ils n'ont pas, comme nous, pour grossir leurs tortures, les fantasmagories de l'imagination et les affres de la mort.

Il faudrait fuir les excès, non seulement parce qu'ils sont des excès, mais aussi parce qu'ils suppriment les plaisirs doux et tranquilles ; les aliments n'ont plus de saveur pour qui met du poivre dans tout.

Deux personnes qui vivent en communauté doivent veiller à ne jamais rien se dire qui puisse choquer ou blesser. Sinon, elles prendront l'habitude de se mettre à l'aise, de laisser échapper des paroles légères ou offensantes, d'obéir à leurs mouvements d'humeur, et elles se montreront ainsi sous un jour qui les détachera peu à peu l'une de l'autre.

On ne vit pas longtemps d'amour passionné ; sachons entretenir avec soin, pour y suppléer, les égards, les bonnes manières, l'indulgence et le respect réciproque.

Admettre les miracles, c'est vivre dans une inquiétude perpétuelle : on ne peut croire à tout qu'à la condition de ne compter sur rien ; si un miracle a rempli notre bourse, un miracle contraire peut très bien la vider.

Puisque la crainte nous ronge et que l'espérance nous berce, le pauvre a sur le riche un incontestable avantage : il espère gagner ce que l'autre craint de perdre.

Quand on songe aux joies dont l'avare
est privé : les satisfactions de l'amour-
propre, les ivresses du plaisir, le luxe
des arts, le goût des belles choses, l'émotion des bonheurs partagés, les douceurs
de la bienfaisance et de la charité, on se
dit que l'amour de l'or doit à lui seul
remplacer toutes les jouissances, et qu'il
est certainement le plus envahissant des
amours.

Au nombre des choses qui se prêtent
à une comparaison avec les fleurs, il convient de placer les bienfaits : eux aussi
perdent leur prix lorsqu'ils cessent d'a-
voir les charmes de la fraîcheur et de la
nouveauté.

La mort, c'est le moment où, la toile

tombée, comédiens et comédiennes mettent bas les honneurs et les distinctions ;
la reine et sa confidente, le valet et son
maître, le seigneur et le paysan, dé-
pouillés de leur friperie, redeviennent
égaux; les personnages s'évanouissent,
il ne reste plus que des camarades.

Vos idées peuvent être ingénieuses ou
profondes ; elles plairont par là ; mais
elles ne seront saisissantes et ne laisseront
une empreinte que si elles frappent par
leur vérité.

Sur les talents médiocres, tout le monde
est d'accord : ils échappent à la critique
et n'excitent point l'envie; on aime mieux
les admettre que de les discuter.

Laissez dire ceux qui croient se moquer de vous en vous appelant délicat, et ne faites jamais rien pour ne l'être plus. Le jour où les mots obscènes ne vous choqueraient pas à l'égal des odeurs fétides, vous auriez perdu quelque chose de votre valeur personnelle.

On vous dira peut-être aussi en termes énergiques ou grossiers, et certainement avec ironie, qu'un jeune homme qui se marie est un niais et rien de plus s'il apporte à sa jeune femme la candeur des désirs et la suave ignorance d'un amour resté à la limite du rêve. Ici encore on vous trompera. Le sarcasme fait d'autant plus de mal à la jeunesse qu'il a toutes les allures du mépris triomphant; il n'est composé que de lâchetés, de hontes et de souillures, et la nature honnète à laquelle il s'attaque se croit obligée de rougir en courbant la tête.

Ah! si vous devez vous incliner un jour,

que ce soit devant la grandeur et la vertu ! Jusque-là, n'obéissez qu'à votre cœur et à vos bons instincts. C'est un respect humain d'une espèce bien étrange que celui qui pousse un homme à se dégrader et à se salir pour se mettre à l'unisson.

C'est de l'oisiveté, de la paresse que viennent la plupart des calamités physiques et morales de ce monde. Rien ne préserve, ne moralise et n'élève autant que le travail. Il n'y a pas de travaux ingrats ; tous sont bienfaisants pour la santé comme pour la conscience.

Selon les objets qui les inspirent ou les êtres qui les subissent, les passions produisent les effets les plus opposés ; il est

des hommes qu'elles ont rendus plus forts,
d'autres sont devenus stupides.

Les vérités s'imposent si naturellement
à l'esprit que, lorsqu'on les entend exprimer pour la première fois, il semble,
non pas qu'on les apprenne, mais qu'on
se les rappelle. Il en est de même pour
toutes les réflexions justes : elles sont
comme à l'état latent dans l'esprit de tous
ceux qui raisonnent et qui pensent.

Ce qui déplaît chez beaucoup de gens
vertueux, c'est leur façon d'être opiniâ-
tres ; ils en sont presque implacables.
Ils subissent eux-mêmes et veulent faire
subir aux autres le joug des principes
invariables; c'est pour cela qu'ils ne font
pas toujours le bien. Dieu pourtant n'a

dû créer les forts que pour aider aux faibles ; la vertu, hors de là, est une vaine parure et demeure stérile : elle cesse d'être le dévouement de soi aux autres, et, partant, elle n'est plus la vertu.

Aux bavards qui ne peuvent s'empêcher de faire des confidences, je conseillerais volontiers de s'adresser à l'égoïste. Telle est son indifférence pour tout ce qui ne le touche pas personnellement qu'il n'entendra qu'à demi ou qu'il ne retiendra rien.

L'homme qui se plaint des maux qu'il souffre ne se souvient pas assez de ceux qu'il a causés. En bonne équité, le châtiment se justifie plus souvent que la récompense.

On ne s’attache pas assez, dans l’éducation des enfants, à ne les punir que des fautes qu’ils ont réellement commises. Un père et un maître ont pour premier devoir de rechercher ce que peut l’enfant qu’ils ont mission d’élever. Là où manquent certaines facultés, il faut s’armer de patience et bannir toute rigueur. Les enfants ne sont pas également intelligents, ils n’ont pas tous les mêmes dispositions. On se montre injuste ou stupide en exigeant d’eux ce qui ne dépend pas de leur bonne volonté. Je me rappelle très vaguement ce qui se passait dans ma cervelle de petit garçon; mais j’ai gardé l’impression, sinon le souvenir, des mouvements de révolte et d’indignation qui se mêlaient à mes cris quand je me sentais puni injustement. En y pensant depuis,

je me suis rappelé cet ancien décret im-
périal du Japon, qui portait : « Les jeunes
habitants du pays sont invités à grandir.
Ceux qui, parvenus à l'âge de vingt ans,
n'auront pas atteint le terme de crois-
sance convenable, recevront la baston-
nade jusqu'à ce qu'ils grandissent. »

L'éternel triomphe du bien est de profiter à tout le monde : à ceux qui le font
comme à ceux à qui on le fait.

Que d'hommes bons et honnêtes si tous
pratiquaient les principes qu'ils professent,
si leur conduite valait leurs sentiments !

L'estime est un des biens les plus

enviés; on en juge par les efforts que font pour l'obtenir la plupart de ceux qui ne la méritent pas.

On se lasse de tout, des palpitations les plus vives comme des hochets les plus brillants ; on ne se lasse point d'étudier. L'étude a le secret de ce qui ne doit pas finir : elle ravive sans cesse nos joies, elle n'épuise aucune de nos facultés, et seule elle donne à la fois les jouissances de l'esprit et la paix du cœur.

Les mieux inspirés dans la vie de ce monde sont ceux qui ne regardent les choses de près que pour en voir le bon côté.

Dans la vie des bureaux, les bons sentiments et les généreuses pensées semblent manquer d'air. Ces cartons sales, ces dossiers poudreux, ces meubles vermoulus, ces idées étroites, ces misérables intrigues, et ces faces inertes ; tout cet ensemble de choses ternes, louches et flasques qui enveloppent, qui étouffent le malheureux condamné à trente ans de travaux bornés, exerce sur lui une influence néfaste. Ce poids qu'on a sur la poitrine et ce plomb dans la tête engourdissent le sentiment et la pensée. On ne vit plus là de cette vie intelligente et sensible à laquelle nous devons tous plus ou moins nos instants de bonheur, et certainement on y aime moins qu'ailleurs.

Si savoir aide à pouvoir, penser aide à se conduire ; le grand secret de la sagesse est l'attention. Trop souvent on fait le mal parce qu’on ne l’a pas vu comme il est, dans sa laideur et dans ses injustices, et qu’on ne refléchit point aux conséquences. Nos fautes ont leur source principale dans notre aveuglement volontaire.

Usez beaucoup du raisonnement dans l’éducation des enfants; outre que vous exercerez leur esprit, vous utiliserez l’instrument dont ils se servent le mieux : les enfants sont des maîtres en matière de déduction.

On peut, dans la vie intime, ne pas s’aimer ou ne pas se comprendre : ce qui empoisonne les relations forcées de chaque jour, c’est l’absence d’estime réciproque.

Il y eut jadis un fou qu'on devrait peindre pour personnifier l'ingratitude : d'une main, il recevait l'aumône, et de l'autre il jetait du sable dans les yeux de son bienfaiteur, afin de n'être pas reconnu.

Les grandes joies sont indiscrètes; l'âme qui s'épanche et le cœur qui déborde éprouvent le besoin de tout dire; la prudence n'est plus là pour modérer les élans ou discerner ce qu'il faut taire.

Les exceptions confirment la règle, dit-on; j'incline plutôt à croire qu'elles la détruisent; en se multipliant, elles ébranlent les meilleurs principes comme les plus belles résolutions, et c'est ainsi que rien de solide ne demeure.

Tout pesé à son vrai poids, toutes choses envisagées dans leurs dernières conséquences, croyez-moi, ne confiez vos secrets qu'aux étoiles.

Vivons de notre métier, ne cherchons rien de plus. Si nous courions après la fortune, elle nous proposerait peut-être, pour se laisser atteindre, quelque lâcheté ou quelque indélicatesse. Ce sont tentations auxquelles il est sage, pour notre repos et notre honneur, de ne pas nous exposer.

Le besoin de critiquer est si vif chez certains railleurs qu'ils chicanent même sur la façon dont vous leur rendez service.

Le rang et la fortune sont d'importance suffisante; nul besoin d'y ajouter l'ostentation.

Ne fréquentons habituellement que les gens dont nous connaissons les mœurs, l'esprit et le caractère. Les relations faites à la légère ont toujours des dangers; quand on ne s'exposerait qu'à s'ennuyer, ce serait encore trop.

Rien de plus délicat à formuler qu'un compliment à un homme d'esprit : si vous n'avez pas assez de tact pour découvrir le point sur lequel il aime à être loué, tout ce que vous direz d'aimable et de flatteur ne servira qu'à vous faire passer pour un lourdaud.

Quelques jours après avoir été frappé par le malheur, faites une tournée, si vous en avez le courage, chez tous ceux qui vous appelaient *cher ami :* vous compterez combien il en reste à qui vous êtes encore cher, et vous saurez ce que vaut l'humanité.

Soldats, ne vous mariez pas. Une femme est surtout précieuse parce qu'elle crée un foyer domestique, parce qu'elle a un gynécée. Or, pour un soldat, le foyer, les dieux lares n'existent pas. La vie errante, agitée, perplexe ne convient pas à un père de famille. Pour qu'un homme sans fortune puisse passer à l'état de mari, il faut qu'il soit installé et que sa position lui permette de se faire un nid. Hors de là, il végète, il se déplace, traînant incessamment à sa suite, dans la misère et dans l'ennui, une famille qui souffre sans

se plaindre, et qui fait souffrir silencieu-
sement aussi son remorqueur résigné.

Pourquoi, si vous êtes bon, ne pas
vous contenter de cela, puisque rien n'est
plus beau ni meilleur? La bonté n'a pas
de plus aimable compagne que la simplicité. Ne mêlez ni artifice ni jeu d'esprit à
la manifestation des sentiments généreux;
il suffit qu'ils soient seuls pour avoir tout
leur prix. Votre esprit, quelque fin qu'il
soit, sera toujours petit à côté de votre
cœur. Il n'est pas de bon mot qui vaille
un bon office.

Les livres sont devenus des bibelots,
des curiosités, des objets d'art; ils sont
beaux par le format, par l'impression, par
les images, par le décor en un mot; on

ne s'inquiète plus de savoir s'ils le sont
par la pensée : le dehors fait oublier le
dedans ; nous les regardons, nous ne les
lisons plus. Aussi les imprime-t-on volontiers en caractères microscopiques, ce
qui prive de les lire les seuls gens qui
lisent encore autre chose que des journaux, — les vieillards.

Si l'on n'avait pas pris ce parti avec
les livres, si on ne les avait pas convertis
en jolies choses, ils seraient tout à fait
abandonnés. Ce qui l'emporte sur eux
aujourd'hui, ce sont les vieux meubles,
les vieilles faïences et les anciens tableaux.
Ce n'est plus l'esprit de nos pères qu'on
évoque, c'est la main-d'œuvre.

« Il n'y a rien pour vous, » dit-on aux
malheureux. Pourquoi? Que ce soit dans
la bourse, dans l'armoire ou dans le cœur,

ne devrait-on pas avoir toujours quelque chose pour celui qui souffre? — Et le bruit des pas de ce malheureux qui s'en va lentement et tristement sans avoir été secouru, est-ce qu'il ne retentit pas comme un reproche dans le fond de votre cœur?

Napoléon Ier, le génie-fléau, a exprimé l'opinion qu'on ne fait pas une république avec une vieille monarchie : à ses yeux, les républicains de bonne foi sont des idiots et les autres des intrigants. On se rangerait peut-être à cet avis si les monarchies avaient établi le règne de la justice et contribué à la grandeur progressive des nations. Hélas! il n'en est rien : l'histoire des rois est bien réellement le martyrologe des peuples. La monarchie, surtout en France, a depuis longtemps perdu tout son prestige, et l'idée de fonder une république est précisément née du besoin de secouer un joug souvent odieux, d'échapper aux excès, aux abus du pouvoir, au bon plaisir de ces rois qui, pour venger leurs injures ou satisfaire leurs ambitions, ont provoqué tant de ravages et de massacres.

Seulement, ce qu'il faut demander aux républicains, c'est, en effet, de n'être pas des intrigants, c'est de vouloir la liberté pour tous. Si l'établissement de la république ne devait être qu'un mouvement de bascule destiné à faire monter en haut ceux qui sont en bas, à remplacer les oppresseurs par les opprimés, et à déplacer la tyrannie, autant vaudrait retourner aux carrières. Despotisme pour despotisme, il serait permis de préférer celui des princes à celui des goujats.

Nous avons tous notre côté faible ou

notre ridicule; il faut être placé très haut ou vu de très loin pour qu'on ne l'aperçoive pas.

En fait de sentiments et de délicatesse, il y a des choses que la femme devine et que l'homme n'apprendra jamais.

Tout dépend du chemin qu'on a pris : si l'on commence par l'insouciance, si l'on continue par les plaisirs, on finira par le désenchantement et les regrets.

On ne sait pas combien peuvent être heureux ceux qui ne le sont pas souvent, ceux dont les émotions ne sont point émoussées et qui jouissent de tout ce qui

est bon avec la joie naïve des enfants. Les
riches ne se feront jamais une idée des
bonheurs à pleine poitrine qu'éprouvent
les pauvres lorsqu'ils se trouvent pendant
quelques heures de liberté en face de la
nature et du ciel bleu.

Comparés à ce qu'ils sont en réalité,
les hommes seraient des anges s'ils
avaient la certitude qu'on sait tout ce
qu'ils pensent comme on entend tout ce
qu'ils disent. « J'ose dire ce que j'ose
faire », écrivait Montaigne ; ajoutons avec
Alfred de Musset : « On devrait oser dire
ce qu'on ose penser. »

Au lieu de tendre à se soustraire au
devoir, il faudrait se rappeler chaque

jour que le seul moyen de se consoler d'une tâche ingrate et pénible, c'est de la bien remplir.

Le naturel conserve, les prétentions vieillissent.

Est-ce par l'esprit, par le cœur ou par les traits du visage que nous nous ressemblons le plus? — C'est peut-être par les instincts.

Ce qu'on apprend le mieux en étudiant, c'est combien on sait peu de choses ; mais ce n'est point là un motif de découragement : le plaisir que l'on prend à gravir une montagne, à découvrir du pays à mesure qu'on s'élève, ne saurait être gâté ni troublé parce qu'on voit se dérouler, en arrivant au sommet, un immense horizon qu'il ne nous est pas donné de parcourir.

Est-il vraiment nécessaire que l'enfer menace les hommes qui font le mal? En vérité, je ne le crois pas. L'enfer est dans l'âme des méchants comme le paradis est dans le cœur des bons. Les peines et les récompenses de l'autre monde sont un surcroît : chacun reçoit ici-bas ce qui lui est dû. Le vice triomphant et le crime impuni sont beaucoup plus rares qu'on ne le pense; nos erreurs à cet égard viennent de l'habitude où nous sommes de juger les autres sans les connaître; les apparences nous trompent. Que de fortunes, que de grandeurs, que d'ivresses dont on ne voudrait pas si l'on savait tout!

Nous penserions plus souvent à ceux qui ne sont plus si leur mort ne nous rappelait pas d'une manière trop sensible que nous mourrons à notre tour. Le souvenir des êtres chéris nous serait doux, mais l'idée de leur disparition est importune. De là l'oubli, ce cercueil invisible de ceux qui ne sont plus.

Les exemples valent mieux que les préceptes lorsqu'ils servent à montrer de quelle manière il faut s'y prendre pour faire le bien avec délicatesse. En voici un qui mérite d'être cité : Un gentilhomme qui devait une somme considérable au comte de Soissons vint le prier de lui en remettre la moitié. — « Cette moitié n'est plus à moi, lui dit le comte, dès que vous avez pris la peine de la venir demander; mais puisque vous me laissez la disposi-

tion de l'autre, trouvez bon que je vous
la donne. »

Lorsque vous verrez des gens qui ne
recherchent ni les spectacles, ni les fêtes,
ni les réunions mondaines, ni les parties
de plaisir, ni aucune distraction exté-
rieure, dites à coup sûr : Voilà des gens
heureux : ils aiment à rester ensemble et
chez eux, il ne leur faut rien de plus. Ce
n'est pas aux plaisirs qu'ils doivent le
bonheur.

Confidence rime avec indulgence : on
se confie pour se faire pardonner, tout
comme on se confesse pour se faire
absoudre.

On dit que l'amitié entre deux personnes de sexe différent a un caractère spécial qui n'a pas de nom dans la langue française. Un philosophe de la fin du dernier siècle a proposé de l'appeler *amouritié*.

La distinction est dans le sang; elle ne s'acquiert ni ne se perd.

Si vous avez un peu de générosité dans l'âme, exercez-la au profit des absents; tant de lâches les calomnient ou les attaquent qu'on aime à savoir qu'il y a là de temps en temps un homme résolu pour s'indigner et pour répondre.

Rien ne tient lieu d'éducation. On a vu des hommes très instruits, très intelligents, appelés à des postes élevés : grisés de leur importance ou obéissant à leurs grossiers instincts, ils se sont cru le droit d'être insolents et n'ont pas fait la meilleure besogne. D'autres, au contraire, moins bourrés de science, mais beaucoup mieux élevés, ont occupé les mêmes positions avec plus d'avantages : ils ont mis la prudence à la place d'une confiance excessive, la politesse et le bon goût à la place des mauvaises manières, et ils se sont acquittés de leur tâche sans avoir blessé personne.

Ceux qui cachent leur amour-propre ne sont pas des modestes; ceux qui renferment leur amour ne sont pas des indifférents : les uns et les autres sont des timides.

Si l'on faisait des livres de morale à

l'usage des voleurs, on pourrait leur dire, entre autres bons avis, d'aimer mieux le repos de leur conscience que la fortune des autres; mais ce simple énoncé exigerait, sans compter les menaces, un commentaire, des exemples et de longs développements. Il en va de même pour tous ceux qui ne sont pas des voleurs dans l'acception du code pénal, et qui pourtant ne valent pas mieux. On peut leur dire, sous bien des formes, qu'ils font des infamies; ils ont assez d'intelligence pour le savoir, pour se rendre compte des misères de leur âme, et cependant ils continuent de tromper comme les voleurs de voler, parce que les gendarmes ne sont pas là.

Si j'avais eu voix au chapitre lors du classement des péchés mortels, j'aurais demandé grâce pour la gourmandise : on l'a traitée avec trop de sévérité. Le gourmand ne fait de mal à personne, et ce qui peut lui arriver de pire à lui-même, c'est une indigestion.

Pourquoi faire le procès aux rêves et aux illusions ? N'est-ce pas à leur brillant mirage que nous devons nos plus douces émotions ? Que de fois la chimère a mieux valu que la réalité ! Que de fois l'attente du plaisir a dépassé le plaisir même ! Que de fois enfin ce qu'il y a dans la vie nous a fait chercher des consolations dans ce qu'il n'y a pas !

Quand je vois un homme charmé par le désir ou l'espérance, je le voudrais assez sage pour reculer lui-même l'heure de la possession. Le mariage n'aura jamais de plus beaux jours que ceux qui l'ont précédé.

Si vous ètes bien résolu à vous lever
matin, sautez brusquement du lit aussitôt
votre réveil ; ne prenez pas le temps d'é-
couter ce que dit l'oreiller : il ne conseille
que des lâchetés.

Comparer deux enfants pour mettre en
évidence, devant eux, les qualités de l'un
et les défauts de l'autre, c'est le plus sûr
moyen de les pousser à se détester, en
faisant du premier un vaniteux et du
second un méchant.

Ce qui contribue le plus à dépoétiser le
mariage, c'est la cohabitation trop rap-
prochée : si les époux consentaient à
mettre entre leurs habitudes quotidiennes
l'épaisseur d'une cloison, que de choses

garderaient leur prestige et combien d'autres ne s'épuiseraient pas !

La grossièreté des manières ne se concilie pas avec l'élévation des sentiments. Il peut arriver qu'on soit en même temps bon et brusque, généreux et maladroit ; ces contrastes sont même assez fréquents ; mais les autres ne se rencontrent pas : l'insolence ou la brutalité n'auront jamais rien de commun avec un élan du cœur ou une noble pensée.

Quoi qu'on ait dit contre la politesse, elle sera toujours le signe d'un principe moral. Ce principe s'est affaibli peut-être, parfois même il a disparu, mais il a laissé au dehors une trace de son passage.

On fait le bien parce qu'on aime le

bien, parce qu’il est doux à un degré
suprème de rendre heureux ceux qu’on
aime et de soulager ceux qui souffrent.
Ne cherchez pas le sacrifice, il n’y est pas.
On a fait du bien aux autres, mais on
s’en est fait plus encore à soi-même : la
bienfaisance, le dévouement, la charité et
l’amour du prochain ne sont rien autre
chose que les formes et les manifestations
les plus belles de l’égoïsme.

Ne redoutons ni les efforts ni les sacrifices ; appelons-les plutôt de tous nos
vœux, afin de préserver notre âme de
l’engourdissement, et d’empêcher la bête
de prendre le dessus !

A notre insu peut-être, les objets extérieurs exercent leur influence sur tout,

même sur nos sentiments : le milieu dans lequel on aime est pour beaucoup dans l'amour qu'on a.

Calomnie est un mot qu'il ne faut point qualifier : il résume à lui seul ce qu'il y a de plus vil dans l'âme humaine : le mensonge et la lâcheté.

Les secrets que l'on ne confie à personne, parce qu'ils sont trop délicats ou trop intimes, sont les seuls qu'on éprouverait quelque soulagement à déposer dans le cœur d'un ami. Les autres sont à peine des secrets.

La soif de l'idéal est une des plus légitimes ; on se fatigue à la longue de ce

qu'on retrouve tous les jours : le corps et
ses misères, la vie et ses réalités. Rêver
aide à vivre.

Dans les premières ardeurs de la jeunesse, l'amour est si exclusif que le monde
entier disparaît lorsque la femme aimée
n'est plus là pour jeter sur tout, par sa
seule présence, la lumière et la vie.

Pourquoi craindre de mourir! Ne doit-
on pas toujours finir par là? Si ce n'est
aujourd'hui, ce sera demain. Endormons-
nous chaque soir en nous disant : Je ne
me réveillerai peut-être pas, — et l'idée
de la mort sera acceptée. Ce qu'il faut à
l'âme humaine, ce qui lui permettra de
partir ou contente ou résignée, c'est le
sentiment d'avoir vécu, jusqu'à la dernière

heure, vaillamment et honorablement. Ne s’être jamais ni abaissé ni souillé, tout est là.

On perfectionne toujours son âme en s’instruisant, ne fût-ce que parce qu’on l’éloigne de tout ce qui est bas et petit.

Les fables devraient être faites pour les hommes plutôt que pour les enfants. Nous savons à quoi nous en tenir sur les paraboles et les fictions ; les enfants n’en sont pas là : elles peuvent troubler leur imagination, leur donner des idées fausses ou les inviter au mensonge. Le plus sûr serait d’éviter les détours et les voiles, et de ne présenter à leur esprit que l’image toujours pure de la vérité.

Si nous retranchions de nos prétendus besoins la part de nos faiblesses et de notre vanité, nous serions presque tous trop riches. Notre appétit, par exemple, est de moitié moins grand que notre gourmandise.

On peut parler de la tranquillité des autres, mais non de leur bonheur, car chacun le compose à sa fantaisie : il dépend beaucoup moins des choses elles-mêmes que de l'idée qu'on s'en fait, et des rapports qu'elles ont avec notre caractère et nos sentiments.

Heureux les affligés lorsqu'ils aiment la nature ; pour les âmes sensibles, c'est la grande consolatrice.

Il me plairait d’être sûr que beaucoup
de dévots qui se disent religieux ne sont
pas surtout orgueilleux : ils ont pour ceux
qui ne partagent pas leurs croyances des
dédains qui ne rappellent ni l’humilité,
ni la charité, ni l’amour du prochain.
N’est-ce pas le pape Clément XIV qui a
dit : « Si la miséricorde de Dieu dépendait
de certains dévots, les pécheurs seraient
bien à plaindre ? »

Étant données les conditions de ce
qu’on appelle vulgairement la vie de famille, avec ses froissements et ses jalou-
sies, avec les exigences des uns et les
prétentions des autres, parfois même avec
d’inévitables antipathies, la situation n’est
tenable pendant longtemps que pour ceux
qui ont très peu de sensibilité ou beaucoup d’esprit.

Les ingrats sont barbares : obligez-les vingt fois, cent fois si vous voulez, jusqu'à ce que leurs assauts indiscrets aient épuisé votre bourse et lassé votre patience... Le jour où, à bout de mansuétude comme de ressources, vous refuserez de continuer, vous deviendrez tout à coup plus haïssable que si vous n'aviez jamais rien fait.

Un sentiment plus hideux encore que l'avarice, c'est l'envie. L'avare garde et contemple son or, comme un égoïste, comme un fou ; l'envieux voudrait le lui prendre, comme un lâche et un voleur.

Entourez-vous des souvenirs, des portraits de ceux que vous avez aimés et

vénérés ; ils vous protégeront contre vous-
même. S'il vous vient à l'esprit quelque
pensée dangereuse ou malsaine, ils vous
aideront à la chasser.

De quoi s'avisent-ils les gens qui nous
reprochent de ne pas les aimer ou de ne
pas les estimer? Sommes-nous cause si
les uns n'inspirent aucune sympathie ou
si les autres sont méprisables ? — Ce
qu'on est en droit de nous demander
toujours, ce que nous restons maîtres de
prodiguer quand nous avons un peu de
générosité dans l'âme, c'est la charité :
nous pouvons toujours donner ou pardonner, même à ceux qui ne le méritent
pas. Quant à notre affection et à notre
estime, elles ne dépendent pas de notre
volonté.

La meilleure garantie de bonne humeur et de bonne conduite serait d'avoir le courage de regarder impitoyablement chaque soir jusques au fond de soi.

Est-on heureux pour n'avoir ni ri ni pleuré, pour n'avoir pas connu le tumulte des passions, les émotions violentes ni aucun des mouvements impétueux de l'âme? Non, assurément; on est tranquille, impassible, voilà tout. Une vie d'un siècle dans ces conditions ne vaut pas un jour où le cœur a battu.

C'est de soi-même qu'il faut surtout se défier : ce que peuvent les autres contre

17.

nous n'a rien de comparable avec le mal que nous causent nos erreurs et nos faiblesses.

La mort et l'amour, — deux cas d'égalité sur terre.

Les meilleures pages d'un écrivain seront toujours celles où il dit ce qu'il a lui-même éprouvé : l'impression qu'il laisse au lecteur n'est jamais aussi profonde lorsqu'il invente que lorsqu'il se souvient. On ne peint décidément bien que son propre cœur.

Les révolutions sont des drames lugubres où trop souvent la nation perd ses droits au lieu de les reconquérir ; nous savons par les leçons de l'histoire comme par notre propre expérience que ces drames se jouent au profit des ambitieux beaucoup plus que de la liberté. Voici un passage de Barnave, qui, dans les époques de tourmente, mérite d'être médité :

« Nous avons remué la terre *bien pro-fond,* nous avons trouvé un sol fécond et nouveau, mais combien en est-il sorti d'exhalaisons corrompues ! combien d'esprit dans les individus, combien de courage dans la masse ; mais combien peu de caractère réel, de force calme, et surtout de véritable vertu ! »

Ces lignes datent de 1792 ; on peut, sans y changer un mot, les supposer écrites d'hier ; elles sont applicables à tous les lendemains de révolution. Elles pourraient servir de texte à l'historien qui se proposerait de rechercher ce qu'ont produit, en dernière analyse, pour le bonheur des nations et les progrès de l'humanité, ces secousses violentes qui, en faisant monter la vase à la surface d'une eau tranquille, ont contribué surtout à la troubler. Quelle que fût la conclusion, le livre aurait pour titre : *Philosophie des révolutions*.

Consoler! mot vide de sens que celui-là! Il n'y a de consolation réelle que celle qu'on puise en soi-même, et de son vrai nom elle s'appelle force, résistance ; elle conduit l'homme à se redresser, elle le pousse à lutter encore. Le reste est un leurre, un palliatif, et les bonnes paroles seront toujours impuissantes à nous persuader que nous ne souffrons pas. On remercie l'officieux de sa bonne intention, de son pieux devoir accompli, de sa pitié passagère ; mais on ne se dissimule pas qu'il n'a rien compris, rien éprouvé. Parfois même on se demande, en le regardant s'éloigner, s'il pensera encore à nous dans une heure ; puis on sourit de cet incrédule sourire qu'engendre la vérité sur les choses d'ici-bas.

A quoi bon, d'ailleurs, raviver de tristes souvenirs ou blesser par un mot maladroit des sentiments délicats. Devant la douleur, il faut se taire ; si j'étais obligé de parler, je me contenterais de dire : Pleurez, vous avez bien raison.

Il en est des idées dans la tête comme de la foule aux portes : pour qu'elles sortent aisément et sans fatigue, il faut qu'elles ne soient ni trop vives ni pressantes ni accumulées. Lorsqu'elles s'offrent toutes ensemble à l'esprit, il est difficile d'en exprimer convenablement une seule.

Nous n'avons malheureusement pas

tous ce bon et premier mouvement qu'inspirent les sentiments généreux ; mais
lorsqu'il s'agit d'un secours, d'une aumône
ou d'une simple assistance, pourquoi ne
se demande-t-on pas au moins si le plaisir
à faire ou le service à rendre ne vaut pas
mieux cent fois que l'économie à réaliser?

Le chemin du devoir est parallèle au
chemin de la patience : il est droit, mais
il est long.

On a voulu, pour expliquer, sinon pour
justifier l'avarice, prêter à l'avare qui
garde jalousement son or la pensée que
ce trésor est une force, une puissance
qu'il tient en réserve, et que le jour où il
le voudra, il sera maître de se procurer
toutes les jouissances, de connaître toutes
les joies et d'occuper à son gré une

grande place dans le monde. C'est une erreur. Non seulement l'avare ne dépense pas son argent, mais l'idée que cet argent pourrait un seul jour cesser d'être là, sous ses yeux, dans ses mains, à portée de ses contemplations, de ses caresses, serait pour lui un atroce supplice. C'est l'or lui-même, tout seul, indépendamment des biens qu'il représente, qui constitue le bonheur de l'avare. Et ce bonheur, inexplicable pour tant de gens, a l'avantage très rare d'aller toujours grandissant: une longue possession affaiblit d'ordinaire la vivacité des sentiments ; l'or qui s'accumule produit l'effet contraire : c'est à la dernière heure que l'avare l'adore le plus. Le proverbe a raison : « Quand tous péchés sont vieux, avarice est encore jeune. »

Cette grande douceur des âmes qui ont

beaucoup souffert est un spectacle bien touchant ; c'est aussi une des plus belles leçons de résignation que les hommes puissent recevoir.

Ce qu'il faut craindre pour les hommes qui, dans l'enthousiasme de la jeunesse, ont été crédules et confiants, c'est l'amertume des déceptions. Elle peut rendre durs, méchants même ceux qui avaient tout attendu des autres et qui restent effrayés de leur méprise. Devant certaines découvertes ou lorsqu'il subit certaines épreuves, l'homme de bien a besoin de se raffermir dans ses bons sentiments, dans sa volonté, dans sa foi en lui-même pour ne pas s'écarter de la voie où il s'est engagé, au départ, sous l'influence de ses plus chères illusions.

Sans doute, elles s'évanouiront ces illu-

sions de la jeunesse ; mais ce ne sera
point en vain qu'elles auront brillé sur
nos premières années, si elles laissent
après elles dans le cœur les germes précieux qu'elles y avaient déposés. Pour
qu'il en soit ainsi, il y aura lutte à soutenir, non seulement contre de pénibles
impressions, mais aussi et surtout contre
les haussements d'épaules, contre les
sages conseils des officieux qui s'effor-
ceront de nous montrer à quel point nous
sommes des dupes et des niais. Il faut
être doué d'un grand bon sens, d'une force
d'âme peu commune, pour laisser dire et
pour persévérer. Il faut être surtout très
convaincu du profit qu'on peut tirer, à
tous les âges, de ce trésor inépuisable qui
s'appelle la bonté.

Ce sont les pauvres qui donnent leur
argent : les avares donnent des conseils.

Celui-là seul a du caractère qui ne se laisse ni enivrer par la bonne fortune, ni abattre par la mauvaise ; il sait que tout passe et tout change, il regarde et il attend.

On se plaît à honorer les morts ; on leur témoigne ainsi, sans marchander, toute la joie qu'on éprouve à s'emparer de leurs biens ou à prendre leurs places. Aussi ne faut-il croire que la moitié des éloges prodigués par un récipiendaire à l'académicien qu'il remplace ; l'autre moitié doit être mise tout entière au compte de la reconnaissance.

C'est presque toujours pour le triomphe

d'une erreur que les hommes se sont
battus ou, au moins, disputé avec le plus
d'acharnement. J'en veux citer un tout
petit exemple. C'était sous le feu roi,
comme disaient nos pères ; la garde na-
tionale florissait encore ; nous étions
réunis, minuit passé, dans un poste du
quartier Dauphine, et un garde qui s'était
oublié au cabaret venait de faire bruyam-
ment sa rentrée. Le chef du poste lui
reproche d'être en retard et lui déclare
qu'il le mettra sur le rapport. — « Eh
bien ! mettez-moi-z-y, » répond l'insu-
bordonné. A ce mot, on se récrie :
« Moisi vous-même, » lui dit quelqu'un. —
« Et pourquoi pas : mettez-moi-z-y ? —
Parce qu'il faut dire : mettez-m'y. » — Là-
dessus le poste se divise en deux camps ;
les uns tiennent pour m'y, les autres pour
moi-z-y ; on s'échauffe, on échange de
gros mots, et l'on allait en venir aux
mains lorsqu'un instant de silence me

permit d'intervenir : « Le débat, messieurs, menace de s'éterniser et de nous empê- cher tous de dormir ; en attendant qu'il fasse jour et que l'académie vous donne des juges, je vous propose d'adopter pro- visoirement : mettez-y-moi. » On crut que je me moquais, mais de guerre lasse on se coucha. Les plus furieux, dans les intervalles d'un sommeil tourmenté, mur- muraient, en haussant les épaules : « Mettez-y-moi ! En voilà bien d'une autre ! »

Au nombre des vérités triviales et usées dont parle La Bruyère, et qu'il est nécessaire cependant de répéter toujours, je demande aux Français la permission d'en placer une, en terminant, qui s'a- dresse particulièrement à eux. — Avant d'agir ou de parler, prenons le temps de la réflexion, afin de mettre à profit tout ce que nous savons. Nos sottises et nos fautes viennent beaucoup moins de notre ignorance que de notre légèreté.

FIN

TABLE ALPHABÉTIQUE

Paris. — Imp. A. Quantin, 7, rue Saint-Benoît.